Deja un rato el ordenador

Béatrice Copper-Royer
Catherine Firmin-Didot

DEJA UN RATO
EL ORDENADOR

Cómo poner límites

dve
PUBLISHING

A pesar de haber puesto el máximo cuidado en la redacción de esta obra, el autor o el editor no pueden en modo alguno responsabilizarse por las informaciones (fórmulas, recetas, técnicas, etc.) vertidas en el texto. Se aconseja, en el caso de problemas específicos —a menudo únicos— de cada lector en particular, que se consulte con una persona cualificada para obtener las informaciones más completas, más exactas y lo más actualizadas posible. EDITORIAL DE VECCHI, S. A. U.

Colección dirigida por Bernadette Costa-Prades.

© Editorial De Vecchi, S. A. 2018
© [2018] Confidential Concepts International Ltd., Ireland
Subsidiary company of Confidential Concepts Inc, USA
ISBN: 978-1-64461-090-9

«Si me quitan Internet,
nada merece la pena».
Javi, 16 años

Introducción

Ordenador, impresora, banda ancha… aquí tiene las armas del cibernauta consumado. Como los 13,8 millones de cibernautas españoles. Una cifra que seguirá incrementándose (ya en el momento en que usted lea este libro habrá aumentado), puesto que España está experimentando un alto crecimiento por lo que respecta a conexiones a Internet.

El gasto le pareció la mejor de las inversiones. Y tiene razón porque, en la actualidad, todos los sectores necesitan su web: desde los entretenimientos hasta la información, pasando por los transportes, la comunicación, la economía, la investigación y muchos otros ámbitos.

Usted creyó, de nuevo acertadamente, que sería mejor que sus hijos se sumergieran en esta «poción» ya desde pequeños. Mantenerlos apartados de estas tecnologías los haría débiles frente al mundo de mañana. E incluso frente al de hoy, porque podrían encontrarse con dificultades para realizar sus trabajos escolares. Probablemente ellos mismos le han dado estas razones llevándolas al extremo y argumentando que los profesores exigen constantemente que se busquen textos e imágenes como complemento a las clases, que una buena exposición requiere documentarse detalladamente... y que, por supuesto, esta documentación no se puede encontrar en la biblioteca... Que, en esa asignatura, hay mucha competencia entre los alumnos... Quizá han sabido tocarle la fibra sensible y hacerle sentir un poco de culpabilidad, dándole a entender que, de todas maneras, usted no tiene ni el tiempo ni las competencias suficientes para poder ayudarles en ese trabajo escolar.

Como consecuencia de todos estos argumentos imparables, usted ha optado por comprar el mejor de los equipos. Y con ello le ha dado la impresión de estar ofreciéndole a su progenie una gigantesca enciclopedia, dotada además de un superdocumentalista capaz de encontrar cualquier tipo de información en un tiempo récord, precisamente sobre aquellos temas en los que sus conocimientos flaquean un poco. Es evidente que todos hemos pensado que este soporte lograría que nuestros hijos se desenvolvieran muy bien, y que además lo conseguirían de una manera más rápida y mejor que nosotros. ¡La ilusión secreta de muchos padres! Así pues, estas consideraciones han resultado ser decisivas, porque hoy en día somos muy sensibles a las promesas de precocidad y habilidad, que se van acentuando en una sociedad que desarrolla cada día más nuestro sentido de la competición.

Luego, con el transcurso del tiempo, quizá se encuentre desconcertado: desde luego, sus hijos se han sumergido fervorosamente en esta «superenciclopedia». Incluso han llegado a ser los más expertos de la familia a la hora de manejar la máquina. Pero esta asiduidad excesiva le deja perplejo. Internet ha llegado a ser la primera ocupación de los niños de 10 a 15 años, desbancando a la televisión. Incluso se llevan la palma en Europa por lo que respecta a tiempo pasado delante del ordenador. En el 2004, ya el 61 % de los jóvenes de 15 a 25 años preferían Internet a la televisión. Hay que rendirse a la evidencia: la pasión con que se dedican a Internet no es, desde luego, para usar esta herramienta como preveíamos al principio. ¡No es que los resultados escolares hayan variado mucho ni que las exposiciones sean ahora brillantes!

Pero entonces, ¿qué hacen tan concentrados delante de la pantalla? A veces buscan un poco de documentación, pero sobre todo se dedican a las comunicaciones de todo tipo (chats, blogs, mails), gran cantidad de juegos, bastantes descargas de música y películas... En realidad, nosotros solo tenemos una idea bastante vaga del tema, y además los adolescentes son muy hábiles escondiendo pistas. ¡Qué chollo para ellos el poder disfrutar de sus pasatiempos favoritos disimuladamente, sentados como niños buenos delante del escritorio en la posición de un trabajador concentrado! Quizá no se imagina usted hasta qué punto llegan a ser expertos en la presión infinitesimal del índice sobre el ratón, con tal de hacer desaparecer instantáneamente, sin que lo parezca, una «ventana» demasiado lúdica y colocar en su lugar una «página» más seria.

Frente a esto, nos sentimos un poco ignorantes y desconcertados. Los argumentos empleados miles de veces para separarlos de la televisión no se adaptan a esta situación. Y sus hijos lo han comprendido y le llevan la contraria. No, no se volverán lelos... No, no se lo tragan todo pasivamente... No, nadie va a verter mediocridades en sus espíritus ingenuos... Se trata de algo diferente.

Aunque podríamos estar todos de acuerdo en considerar que la fascinación de nuestros hijos por la pantalla del ordenador podría, en altas dosis, llegar a ser una epidemia, lo que no podemos hacer es tener una opinión tan unívoca como esta sobre Internet. Porque tiene múltiples facetas: tanto buenas como malas. Esta herramienta que, con razón, goza de una buena reputación, posee también muchos escollos: no nos vendemos los ojos para no verlos.

Nuestro propósito no es el de demonizar Internet, sino el de intentar utilizarlo mejor. Para que este avance tecnológico no llegue a ser un suplemento añadido de sufrimiento, abuso y desbordamiento, los padres necesitamos establecer referencias más claras y mejor adaptadas; tenemos que inventar nuevas reglas.

Nos proponemos sugerirle algunas, ayudarle a establecer algunos principios de regulación, control y diálogo, porque sabemos que no se puede hacer nada manteniéndose a distancia de esta nueva herramienta. Para comprender por qué fascina tanto a nuestros hijos, para saber cómo intervenir antes de que el exceso se convierta en patología, hay que estar al corriente de cómo funciona: comprender las sutilezas y las posibilidades de Internet, no ignorar más la diferencia entre chat y MSN, conocer la existencia de páginas indeseables, el contenido de los videojuegos, las disposiciones jurídicas por lo que respecta al pirateo... La calidad del diálogo que entablará con sus hijos depende de ello. Vamos a intentar guiarlo en esta nebulosa lo más claramente posible.

Capítulo 1

Saber lo que hacen

Esta es un poco la regla básica: no podrá controlar ni limitar el uso de Internet si ignora totalmente las posibilidades de esta herramienta informática. Tranquilícese, no es nada excesivamente complicado. Aquí tiene algunas definiciones sencillas, primero para comprender y luego para intentar establecer una reglamentación inteligente.

«¡Tú no sabes nada de esto!». Sus hijos le han repetido esta frase infinitas veces. Y no podemos decir que muestren mucho entusiasmo por remediar esta ignorancia iniciándolo en sus actividades internautas. Por puro agotamiento, usted ha dejado de intentar comprenderlo… ¡Como muchos padres, ya que el 72% de ellos ignoran lo que hacen sus hijos en la web!

Para empezar, aquí tiene algunos elementos básicos que le harán comprender mejor de qué hablan.

Mail

Sin duda el mail (correo electrónico) es la herramienta informática que usted conoce mejor, ya que la utiliza cotidianamente en su vida profesional. Pero, para aquellos que no tienen la ocasión en sus trabajos de comunicarse de esta manera, recordemos que los mails son mensajes que llegan muy rápido, es cierto, pero que siguen siendo mensajes diferidos. Estos correos electrónicos son similares a cartas o a telegramas ultrarrápidos. Los niños los utilizan poco, porque prefieren las mensajerías instantáneas (sobre todo MSN), que se parecen más a conversaciones telefónicas: en vez de utilizar la voz, se escribe. Suprema ventaja con respecto al teléfono: el coste es nulo.

MSN

MSN es una mensajería instantánea. Funciona bajo el principio de un círculo de amigos que se encuentran para hablar exclusivamente entre ellos. Noelia, por ejemplo, establece la lista de amigos con los que quiere conversar: se compone de una cincuentena de nombres de buenos amigos, de primos o de amigos de paso que conoció en vacaciones. Para añadir a su nueva amiga Lorena, escribe la dirección de Hotmail de esta. Cuando Lorena abra su MSN Messenger, una ventana (o un pequeño recuadro) le preguntará si acepta figurar en la lista de Noelia.

Cuando Noelia quiera hablar, abrirá MSN: una ventana le indicará la gente de la lista que está conectada en ese momento. Si no hay nadie con quien quiera hablar, podrá dejarlo para más tarde. Mientras tanto, buscará documentación en Internet para una exposición. Pero, de pronto, aparece una ventanita y se escucha un bip: «Frodon se ha conectado». Es el apodo de Toni, un compañero muy majo de su clase; así que empieza a hablar con él. En las conversaciones, Noelia puede bloquear a un cierto número de personas para que no le hablen: Andrés, que la agobia y que siempre habla de tonterías; Julia, a la que no le apetece responder. La mayor parte del tiempo, tiene conversaciones a dos, aunque le sea posible añadir e invitar a otros interlocutores. Las conversaciones en MSN no son controladas por un moderador. Y además son gratuitas.

Chat

El chat es una mensajería instantánea de otro tipo: está abierta a todo el mundo. Se hace a partir de una plataforma de recepción. Puede estar por ejemplo en la web de una revista o de una cadena de radio. Silvia, de 16 años, que es fan de Skyrock, elegirá su chat. Jaime, de 12 años, preferirá Caramail.

Para entrar en los chats, tanto Silvia como Jaime tendrán que indicar su edad y su dirección (que será secreta y no será comunicada al resto de participantes). Por supuesto, nadie puede verificar si estas direcciones son correctas. Un adulto malintencionado puede hacer creer que tiene 14 años para entrar en contacto con niños. Estas plataformas de mensajería son controladas por moderadores que, teóricamente, intentan encontrar a los intrusos, eliminan los mensajes demasiado groseros y excluyen a los reincidentes. Los chats son gratuitos.

Blog

Lidia desea abrir un blog, una especie de diario de a bordo o de tipo íntimo... ¡que podrá mirar todo el mundo! Se conecta a la web de un editor de blogs que habrá elegido, también en este caso, según sus afinidades. Tiene que registrarse y, para ello, dar su edad y su dirección (estas informaciones son secretas y no se le comunicarán a nadie). Cuando se haya registrado en el sitio, dispondrá de un espacio donde podrá explicar lo que se le antoje y con el formato que le apetezca, añadir fotos de su cámara digital, poner música de fondo, etc. En todo momento, podrá añadir cosas o modificar lo que haya. También puede ir haciéndolo cada vez más extenso... como si se tratase de un cuaderno. Cualquier visitante que entre en la web del editor podrá consultar este blog. Algunos editores dan vida a los blogs resaltando los que les parecen mejores, los más divertidos, los más creativos, los más interesantes (según los criterios del editor, claro). Si el blog de Lidia está en el palmarés, será más consultado que otros.

Cualquiera puede hacer comentarios sobre las diferentes páginas del blog de Lidia. De hecho, este es uno de los objetivos principales de los creadores de blogs: suscitar el máximo de reacciones posibles. Esto les garantiza que son leídos. De la misma manera, para provocar el máximo de comentarios posibles, surge la gran tentación de forzar un poco el tema y llevarlo al sensacionalismo, la originalidad, el humor. Una lógica finalmente idéntica a la que practican numerosas revistas.

Si el editor agrupa y presenta todos los blogs de su sitio, también se puede llegar al blog de Lidia sin pasar por la plataforma de acceso. Basta con una exploración anodina. Por ejemplo, la Sra. Solanas realiza una búsqueda sobre hadas. Así que escribe esta palabra en el motor de búsqueda. Entre otras muchas webs sobre las hadas, estará el blog de Lidia..., puesto que Hada es el apodo de la prima de Lidia, nombrada bastante a menudo en su blog.

Algunos editores de blogs hacen pagar por sus prestaciones, pero la mayoría son gratuitos, sobre todo los que utilizan los niños. Como contrapartida a esta gratuidad, tienen numerosas ventanas publicitarias.

Videojuegos

Existen muchas maneras de procurarse videojuegos. Se pueden comprar en una tienda e instalarlos luego en el ordenador. Algunos de ellos se juegan en red con miles de personas que poseen el mismo juego, en la otra punta del mundo.

También se pueden conseguir en Internet; algunos son gratuitos, para otros hay que pagar con tarjeta de crédito. Algunos son para jugar en solitario y a otros se juega en red. Los juegos gratuitos de Internet suelen ser más bien pequeños juegos de paciencia y de dirección: carreras de coches, comecocos, saltos de obstáculos. Algunos juegos en red son gratuitos el primer mes y luego se pagan.

Paralelamente, existen formas para que los juegos resulten más económicos; los jugadores intercambian información o accesorios, como botas, espadas o cascos virtuales, para no tener que pagar. Las casas editoriales intentan impedir este tráfico prohibido por las reglas del juego. Pero, como veremos más adelante, los adolescentes que juegan en red son apasionados (y a veces dependientes), muy solidarios entre ellos y hábiles para saltarse las reglas.

Descargas

En Internet, uno puede conseguir música, películas y series. Algunas webs legales proponen estos productos mediante el pago con tarjeta de crédito. Pero hay grupos de «piratas» que graban conciertos ilegalmente o que ponen en línea un CD que han pirateado ellos mismos o incluso, eventualmente, comprado, y todo esto aparece en la red de manera gratuita. A veces, el poner el producto a disposición de todo el mundo proviene de la fuente misma de publicación, por parte de gente malintencionada que trabaja en discográficas o productoras.

Con el sistema de «peer to peer» Iván puede descargarse una canción de su grupo favorito y permitir a otros internautas que hagan lo mismo. De esta manera puede hacer circular aquello que le gusta. Existen páginas de descarga gratuita donde cada uno abre su biblioteca a los otros usuarios.

Multas

De acuerdo con las disposiciones tomadas para preservar los derechos de autor, las descargas remotas pueden ser penalizadas si se utilizan con fines lucrativos. Sepa que hay instancias de control mediante las cuales se puede identificar la dirección informática de la persona que descarga.

A modo de ejemplo, en Francia un pirata acaba de ser condenado a 20.000 euros y dos meses de prisión por haber descargado 120 películas que él aseguraba reservar para su uso personal. Sin caer en excesos como este, se prevén multas de unos cien euros para disuadir a los que se vean tentados a infringir la ley en este aspecto.

Móviles

Ya se puede acceder a Internet desde el teléfono móvil. De momento, los modelos caros y un poco sofisticados permiten una buena conexión instantánea, pero es verdad que, dentro de muy poco, todos los teléfonos ofrecerán este tipo de ventajas. Así pues, es posible (y cada vez lo será más) tener una conversación en MSN o en un chat mediante un teléfono móvil. Esto tenemos que saberlo cuando le compramos un móvil a un niño.

Todas las redes de telefonía ofrecen servicios de Internet, los llamados «portales», que han creado ellas mismas. Presentan multitud de servicios, como las previsiones meteorológicas, los horarios de cine y otras informaciones prácticas, con la posibilidad de participar en blogs, chats y foros. En resumen, es posible acceder a toda Internet.

Para estos servicios específicos ofrecidos por las redes de telefonía, existe un sistema de control para padres, gratuito, que bloquea el acceso a las webs eróticas o pornográficas. En ese caso solo quedarán en los portales pequeños servicios insignificantes que no satisfarán a los adolescentes. Por otra parte, estos suelen utilizar otros móviles o presionar a los padres para que no instalen este sistema de bloqueo en sus móviles, hasta tal punto que estos sistemas de filtrado acaban siendo ineficaces porque se utilizan poco. Así pues, se les ha pedido a estas redes que minimicen un poco esta «censura».

En cuanto al acceso a la red tradicional de Internet, evidentemente se paga: su uso hace que las facturas de teléfono suban como la espuma. Este coste suplementario puede ser un buen argumento para suprimir este acceso a Internet desde el móvil.

Programas de filtrado

Se trata de instalaciones propuestas por los proveedores de acceso, que permiten bloquear las webs indeseables. Algunos son gratuitos, pero no son ni mucho menos perfectos. Sin embargo hay asociaciones que se movilizan para sensibilizar a los proveedores y lograr que la situación evolucione. En Internet puede encontrar muchos programas de este tipo. Vea, por ejemplo, la página www.archivospc.com y elija la categoría Internet-Filtro de contenidos (véase «Direcciones útiles»).

Lo esencial

Para tener una idea sobre Internet, ¡aún falta saber de qué se trata! No es complicado ponerse al día, aunque se sea un poco refractario, y no se necesita demasiado tiempo para comprender y diferenciar entre chat, blog, MSN y mail.

Nuestro discurso será mucho más creíble si nuestros hijos no tienen la impresión de que nuestra ignorancia no tiene límites…

Capítulo 2

Chats y MSN: los nuevos lugares para conversar

Comunicarse, estar en contacto... estos son los imperativos que establece nuestra sociedad. Para los niños y los adolescentes, que ya de por sí tienen tendencia a dividirse en grupos, esta es un poco la regla básica, por lo que les afecta especialmente este fenómeno. La hipercomunicación adquiere para ellos formas desconocidas para nosotros: tienen conversaciones interminables con amigos íntimos, pero también con desconocidos.

¿Qué hacen nuestros hijos entre la salida del colegio y la hora de acostarse? Mientras están instalados silenciosamente frente al ordenador... ¡están charlando con sus amigos! Solamente algunas sonrisas furtivas alegran de vez en cuando esas caras concentradas que hacen ver que buscan información sobre los Reyes Católicos, mientras están echándose unas risas en el chat o en el MSN (véase el capítulo 1). Se trata de un pasatiempo que son perfectamente capaces de mantener mientras siguen con los deberes, responden a una llamada de teléfono, si es necesario, y escuchan la música que se han descargado. Para nosotros esto puede parecer una actividad nimia, de aquellas que hacemos sin pensar, del tipo de picotear cacahuetes. Pero, cuidado, comer cacahuetes no impide sucumbir a la bulimia. El chat y el MSN pueden llegar a ser drogas. Blandas, es verdad, pero drogas al fin y al cabo. Tengamos en cuenta que MSN cuenta con 130 millones de abonados en todo el mundo y AOL con 35 millones. Y, de estos, muchos son adolescentes de entre 15 y 19 años.

¿Por qué necesitan hablarse todo el tiempo?

Nos pueden sorprender esas conversaciones infinitas, sobre todo con amigos que acaban de ver y con los que se volverán a encontrar al día siguiente a primera hora. A este comentario que les hemos hecho mil veces, nos responden con una sonrisa cansada, ya que la pregunta demuestra que no entendemos nada de nada. «Nos reímos», dirá lacónicamente Jorge, de 15 años. «Nos decimos cosas que no nos decimos a la cara», explica Isa, de 14 años. «Hablamos de chicas», dice Álex, decidido a no decir ni una palabra más. «Ligamos», confiesa valientemente David, de 16 años. En realidad, hacen todo eso a la vez. Para resumir, chatean.

Tomás explica que es como un nuevo juego. No olvidemos que en secundaria los adolescentes ya no juegan en el recreo y que, quitando algunos niños fanáticos del fútbol, los demás suelen hacer pequeños grupos y se quedan de pie o se sientan en los escalones… a hablar. El chat y el MSN no hacen otra cosa que reforzar este hábito.

¿Qué se explican?

Si miramos más de cerca, podemos ver que en sus conversaciones virtuales se hacen multitud de confidencias, sazonadas a veces con temas bastante crudos. Los temas sexuales suelen ser muchas veces el centro de las conversaciones: ¿quién sale con quién?, ¿quién ha roto con quién?, ¿a quién le van a dejar?, ¿quién le gusta a quién? A los adolescentes, sobre todo a las chicas, les gusta mucho dar consejos sobre temas del corazón. Para ellos es una manera de adquirir importancia en su pandilla.

Los chicos hacen comentarios más o menos subidos de tono sobre las chicas que quieren seducir, ¡o se pavonean de sus conquistas!

También hablan sobre temas tabúes, de todas las cosas de las que no hablan con los adultos, además de sobre aquellos temas de los que no suelen hablar con todos sus amigos, sobre todo de sus emociones: alegrías y tristezas, euforia o agotamiento. Todos estos sentimientos que, a esta edad, se van alternando continuamente sin que ellos entiendan muy bien por qué.

Los niños y adolescentes se encuentran muy sometidos a la norma del grupo. Sus gustos son muy restrictivos. MSN les permite escapar a estos dictados y expresarse más libremente con sus compañeros más íntimos. Pero quien se pusiera a mirar estas conversaciones se sorprendería sobre todo por la cantidad de banalidades que hay y por la multitud de temas que, más que graciosos, resultan irrisorios.

Seamos honestos: no nos sorprenderíamos tanto si nos fijáramos en muchas de las conversaciones telefónicas no profesionales que los adultos mantienen a lo largo del día. Todo parece indicar que lo importante no es tanto el contenido, sino mantener un contacto. El fenómeno es bastante generalizado y concierne a todas las edades. La expresión «estar conectado» revela este imperativo de las conexiones permanentes. No hay ninguna razón por la que los adolescentes deban escapar a estas. Ellos tienen aún más la necesidad de estar permanentemente unidos a su grupo, en virtud de reglas tribales bastante simples y según la lógica banal de la «pandilla». Así pues, para ellos, tener el máximo número de contactos es un signo de prestigio. Por ejemplo, Mónica, de 15 años, ¡se enorgullece de haber tenido una conversación con 32 personas de manera simultánea!

Chatear forma parte de las actividades que dan a la adolescencia el sentimiento de estar integrado, de no sentirse al margen. Esta práctica hace que se sientan seguros porque les da la impresión de ser miembros de un grupo, a pesar de su timidez o de sus dificultades para relacionarse. Esto les permite construirse una identidad fuera de la familia, lo que es una de las grandes apuestas de la adolescencia. Al final, la imagen que tienen de sí mismos acabará reforzándose.

Una vasta red relacional

MSN aumenta considerablemente la red social de los adolescentes. Aunque pasen bastante tiempo hablando con sus compañeros de clase, también mantendrán de vez en cuando otras relaciones: con los miembros de la familia que están lejos, con los amigos del segundo círculo o con las personas a las que no ven frecuentemente, como por ejemplo los amigos que han hecho en algún viaje. Daniel, cuyo primo preferido vive en Madrid, tiene con él un contacto casi cotidiano, y cuando se encuentran en casa de los abuelos, ¡es como si se hubieran visto el día anterior!

Gracias a este modo de comunicación, siguen en contacto con todos aquellos que no forman parte de su grupo de amigos más cercano. Sin Internet, probablemente muchas de estas relaciones se irían a pique. Lo que sería una pena, porque, en estos tiempos, las ocasiones de reencontrarse no son frecuentes. Los niños no están muy acostumbrados a escribir, porque esto podría parecer escolar y laborioso; cada vez más, viven sus relaciones inmediatas; si no, consideran que no vale la pena mantenerlas. Estos mensajitos son como hilos que se tienden; quizá sean frágiles, pero no les quitemos su importancia: tienen el mérito de existir.

Sin embargo, aunque MSN promueva la sociabilidad, no hay que esperar milagros. Un niño muy solitario no va, por arte de magia, a desinhibirse gracias a las comunicaciones virtuales. Eva, de 16 años, sufre mucho a causa de su gran timidez: en el instituto, a menudo suele estar apartada de los grupos, teme las salidas y los fines de semana acostumbra a pasar la mayoría del tiempo en casa. Sin embargo, participa en conversaciones en el MSN. Pero, cuando vuelve a estar en el recreo, sigue invariablemente pegada a sus dos amigas, que ya hablan por ella.

Lugares privilegiados para el ligoteo

En Internet, las comunicaciones chicos-chicas se establecen más fácilmente que en el recreo, ya que se avanza escondido, o al menos sin visibilidad. Sucedía lo mismo cuando, en el pasado, los habitantes de Venecia se ponían máscaras el día de Carnaval. El MSN y el chat son lugares privilegiados para el ligoteo. De hecho, permiten, especialmente a los adolescentes, mantener su ideal amoroso; especialmente las chicas, que pueden conservar su fantasma de príncipe encantado, puesto que estos contactos desembocan pocas veces en relaciones directas, pero no por eso dejan de ser útiles. Los adolescentes aprenden el juego de la seducción, experimentan la gramática amorosa, sin que ello dé lugar necesariamente a consecuencia alguna. Sin testigos, los rechazos son menos humillantes que en la realidad. Estos encuentros virtuales tienen, para ellos, una gran ventaja: les permiten vivir relaciones amorosas pero protegiéndose, esquivando el riesgo del encuentro, que precisamente es lo que les preocupa. Construyen relaciones sin el temor a que la otra persona invada su espacio y de esta manera van afilando su sensibilidad. Y, sin lugar a dudas, ganan tiempo. En realidad, esto es similar a todos los juegos de niños en los que simulan que son adultos cuando aún son pequeños. Por supuesto, algún día, esta sustitución no les bastará. No escuchemos a las sirenas que predicen que estas relaciones virtuales acabarán matando el amor y las relaciones reales entre la gente. Se trata de un fantasma de los adultos desorientados por los nuevos medios de comunicación, a quienes les gusta pensar que el cara a cara podría desaparecer. De hecho, lejos de alejarse, estas dos formas de sociabilidad tienden a reforzarse mutuamente. Una intensa vida social a menudo suele ir acompañada de un gran uso de la comunicación electrónica.

Los riesgos

Su apasionamiento por todos chats y foros implica un cierto número de riesgos que no hay que minimizar.

⇨ No cortan nunca

Esta práctica puede llegar a ser adictiva. ¿La prueba? Les cuesta mucho dejarlo. «Sí, ahora voy, me despido y ya está», le aseguran. Y un cuarto de hora más tarde… siguen delante de la pantalla. Estas conversaciones en la web cada vez ocupan más parte de su tiempo, porque para ellos, adolescentes, es una gran tentación constituir un polo aparte de la familia.

⇨ **Menos relaciones con los padres**

El MSN y el chat son herramientas generacionales. Multiplican la comunicación entre adolescentes. Por un fenómeno de caja de resonancia, amplifican las conversaciones «jóvenes».

La práctica se vuelve dominante y, cuanto más conformista y normativa es, más autoritaria llega a ser. El resto de conversaciones, de las generaciones precedentes, de la familia e incluso las de su fuero interno, llegan a ser ridículas, incluso inaudibles. En cuanto a la transmisión parental, cada vez encuentra más dificultades (véase también el capítulo 8).

⇨ **Un pie dentro y otro fuera: la ilusión de autonomía**

Los jóvenes buscan cada vez antes referencias fuera de la familia, pero no adquieren una verdadera autonomía, porque estas «salidas» virtuales se hacen desde el nidito familiar. Tienen la impresión de estar fuera a la vez que están dentro, bien protegidos por papá y mamá. Con ello, están esquivando lo que sería una verdadera relación amorosa, que implicaría despegarse del vínculo infantil con los padres. Vivir el amor es hacerse mayor. Pero este no es el caso en estas relaciones amorosas virtuales, porque están cómodamente en casa, sin dar jamás un paso adelante. Más que un amor que haga madurar, se trata de un galanteo. Con este tonteo, uno se queda perpetuamente en el «como si...». Así pues, esto no tiene por qué ayudarles a conseguir una autonomía física ni a superar la angustia de separación de los padres.

⇨ **Menos relaciones con los padres**
Si bien el MSN se practica con un círculo más o menos restringido de conocidos, el chat funciona de muy distinta manera (véase el capítulo 1). Este inmenso foro con anónimos implica problemas de otro tipo. Uno puede estar mucho tiempo escondido y no mostrarse como es, sino como le gustaría ser. Es la oportunidad para inventarse otra identidad, otra personalidad, otra vida, y escapar a los límites de la realidad. Una realidad que no siempre es fácil de llevar, sobre todo en la edad de los aparatos dentales, los granos y los michelines infantiles. El chat permite a los adolescentes liberarse de la tiranía de las apariencias, evitar la dimensión corporal en una etapa en la que no están muy a gusto con su cuerpo. Como llega a edades distintas, la pubertad provoca entre ellos muchos desniveles físicos que pueden acomplejar a más de uno. Ocultos, la comunicación es más sencilla que cara a cara.

Deja un rato el ordenador

Los jóvenes internautas han llegado a ser expertos en crear pistas confusas y jugar con diversas identidades. Algunos se crean varias direcciones personales (una para los anónimos, otra para los compañeros y una tercera en un servidor de webmail o Hotmail para los intercambios todavía más personales).

⇨ Topar con mala gente

Los pedófilos rondan frecuentemente por las mensajerías. Los niños, a quienes les encanta rozar el peligro cuando se sienten protegidos, minimizan los riesgos. Se sienten invulnerables, porque su casa es como un envoltorio que les da seguridad y los protege de todo. Pero no están tan protegidos como piensan. Como cualquier persona, se pueden sentir atraídos por un interlocutor intencionado que sabrá ganarse su confianza. Los servicios de la policía especializados advierten que muchos pedófilos cuentan con la confianza de los niños. A la larga, con paciencia, consiguen reunir los suficientes detalles sobre ellos (centro escolar al que van, nombre, horarios) para poder identificarlos, sobre todo en las ciudades pequeñas. Así siguen hasta intentar encontrarse con ellos u obtener fotos de estos actos de exhibicionismo. Aunque tengamos la costumbre de no fiarnos de los desconocidos por su aspecto, hacerlo por escrito resulta mucho más difícil. Por ello, en las mensajerías virtuales los niños dejan que se abuse de ellos más fácilmente.

Las asociaciones que obran para proteger a los niños de estos peligros de Internet han dado la alarma y han demostrado haciendo entrevistas a la salida de los colegios que estos riesgos son reales ¡y que muchos adolescentes se han encontrado en situaciones peligrosas frente a adultos perversos que se habían hecho pasar por tranquilos adolescentes!

Consejos

• **Un modo de vida que les pertenece:** en la actualidad el MSN y el chat, para ellos, son parte de un tiempo de comunicación indispensable. Privarlos de ello podría parecerles la más injusta de las medidas vejatorias. Les daría la impresión de estar al margen de un sistema dominante. Sería lo mismo que prohibirles llevar vaqueros o zapatillas de deporte. No lo olvidemos: en la adolescencia, la autoestima pasa esencialmente por el reconocimiento de los demás.

Deja un rato el ordenador

• **Poner límites:** sin embargo, lo que no está prohibido es limitar el tiempo de uso de estas herramientas. Se les puede decir que esta no tiene que ser una actividad exclusiva, que no les deje tiempo para hacer nada más: actividad escolar o deportiva, o vida familiar. No es normal que se deje la comida para después con la excusa de continuar hablando un rato por el MSN.

• **Cada familia con sus reglas:** los padres son los que tienen que inventar reglas que no tienen por qué ser las de los padres del amigo, y asumirlas luego de la manera más natural. Hay que establecerlas pronto y claramente: «Nunca después de comer»; «Sí, pero cuando hayas acabado todos los deberes»; «No, durante una temporada, si las notas han bajado» o «El domingo no, es cuando se reúne toda la familia». O bien: «Sí, durante las vacaciones en casa de los abuelos, si ellos están de acuerdo, pero no durante la semana en que estemos todos juntos...». Al niño que parezca adicto, se le puede proponer un corte de algunos días para hablar con él sobre esta necesidad tan fuerte. No se trata de imponer brutalmente una prohibición sin vuelta atrás, ni de amenazar constantemente con anular el abono, sino más bien de conversar juntos y establecer unas reglas de juego posibles.

• **La soledad es importante:** sin lugar a dudas, es necesario también enseñar a los niños a estar a veces solos,
y esto desde bien pequeños. Eso les da una fuerza muy
importante y les permite encontrar en sí mismos recursos que ni siquiera sabían que existían. De esta manera
se prueban a ellos mismos que son autónomos y libres,
que pueden ser felices y sentirse seguros incluso en
ausencia de los demás, que no se les abandona o se les
quiere menos por dejarlos solos. Pero, no nos engañe-
mos, esas conversaciones que se alargan a menudo,
entre los más mayores, hasta altas horas de la noche,
también son maneras de retrasar la soledad.

• **Anonimato de rigor:** recuérdeles que no den nunca
su nombre, su dirección o su teléfono. Que nunca acep-
ten una cita con un desconocido o en todo caso nunca
en un lugar privado, y jamás solos. Muchos niños piensan
que si apagan el ordenador es como si cerraran la
puerta a los intrusos, pero no siempre es así.

Lo esencial

Las mensajerías electrónicas permiten a los adolescentes mantener y reforzar los lazos con su grupo.

El contacto muchas veces es más importante que los temas que se traten. No hay nada más normal en la adolescencia. Aunque prohibir que se utilicen sería absurdo, lo que sí podemos hacer es limitar su uso.

Cuidado, esta hipercomunicación refuerza el impacto de las conversaciones típicas de adolescencia y ello va en detrimento de las familiares.

El chat y el MSN son sitios para ligar, pero raramente desembocan en relaciones reales. Esto les permite tantear el terreno amoroso. Pero, cuidado, este juego de seducción, aun estando protegidos en casa, no tiene nada que ver con el amor que hace madurar. Más bien nos encontramos en el registro de «simular que somos mayores».

En estos chats participan personas malintencionadas, verdaderos predadores que han aprendido rápidamente las reglas del juego para acercarse a los niños. Los padres tienen que ser los que avisen a sus hijos de estos riesgos.

Capítulo 3

Los blogs: diarios no tan íntimos

Existen diferentes tipos de blog. Algunos parecen foros entre amigos, un poco como si fueran un diario de clase reservado a los amigos; otros son personalizados y parecen diarios íntimos. Todo es absolutamente natural y legítimo en esta práctica. Pero, cuidado, pueden llevar a derroteros de los que a veces los niños no tienen consciencia.

Como medio de expresión paralelo y espontáneo, el blog se está generalizando, y no solamente en el caso de los jóvenes. Se trasluce una nueva forma de socialización transversal, por afinidades, y no ya según los criterios tradicionales de cercanía o de clase social. Incluso las personalidades que se expresan diariamente en la prensa, como políticos, celebridades culturales o periodistas, adoptan la práctica del blog. De nuevo se trata de «comunicar». Los adolescentes, que por supuesto no escapan a este fenómeno, se ven sometidos a este doble imperativo: mostrarse y sentirse parte de un grupo. A uno de cada dos jóvenes le gustaría tener un blog. Para abordar el tema, hay que distinguir diferentes tipos de blogs: algunos funcionan como un diario íntimo y otros parecen más bien un foro de grupo.

El blog como foro, un lugar para compartir

Este tipo de blogs no provienen del narcisismo como en el caso del blog como diario íntimo, sino más bien de la convivencia. Podríamos compararlos con tablones de anuncios colocados en la entrada de un lugar colectivo. Práctico, anodino, sirve para hacer circular las fotos de una velada entre amigos, para recordar el cumpleaños de Víctor o incluso para mantener alguna conversación humorística. Ayuda a conservar y reforzar los lazos en el seno de un grupo de amigos. En resumen, se trata de una manera de estar en contacto, a pesar de los avatares de la vida cotidiana. Porque los adolescentes, al fin y al cabo, pasan menos tiempo juntos que antes: con la diferenciación de clases según la opción que elijan, no siempre tienen clases juntos, ni las pausas en el mismo momento. Si a esto le añadimos sus actividades extraescolares, a veces no queda mucho tiempo.

El blog como diario íntimo, ¿para qué?

El adolescente expresa sus emociones, sus preocupaciones, sus gustos. Explica sus problemas, su malestar y la incomprensión que sufre. Y a eso le añade todo tipo de eslóganes, pensamientos varios, trozos de poemas, dibujos, fotos de gente que le gusta o a quien aprecia. En resumen, podemos encontrar más o menos lo mismo que en un diario íntimo tradicional, pero priorizando mucho más las imágenes.

El blog es esencialmente un pasatiempo femenino. En este asunto los chicos, menos proclives a tener uno, suelen ser más espectadores que actores; leen y consultan de buen grado los blogs de las amigas. Aquí, de nuevo volvemos a encontrar las discrepancias tradicionales: las chicas practican más la conversación, el análisis, lo relacional, mientras que los chicos tienden más a la acción (los deportes y los juegos).

La razón por la que las adolescentes son más proclives al diario íntimo, sobre todo entre los 12 y los 16 años, es que necesitan elaborar su imagen femenina, construir su identidad, adquirir seguridad y confianza en ellas mismas. A esta edad, en efecto, van perdiendo sus referencias infantiles y tienen que proveerse de otros sentimientos. Las relaciones con las amigas adquieren en este momento mucha importancia, y la relación con los padres se reorganiza: intentan alejarse de ellos y al mismo tiempo tienen mucho miedo a perderlos.

En el blog o diario íntimo, pueden expresar con palabras y aclarar las emociones, contradictorias y fluctuantes, que caracterizan a los adolescentes: la euforia, la ternura, la agresividad, el narcisismo exacerbado; una expresión un poco histérica que desvela la intimidad y la expone... Entre el torbellino de sentimientos, el blog permite a los adolescentes aferrarse a la realidad como si de una orilla estable se tratase.

Un diario íntimo no tan íntimo

Existe una diferencia enorme entre el blog y el diario íntimo; mientras que este último no salía de la habitación e incluso a veces se cerraba con un pequeño candado, el blog, en cambio, está a disposición de todo el mundo. Poco tiene ya de íntimo, porque cualquiera puede ir a parar a él simplemente escribiendo alguna palabra clave. Los adolescentes tienen reacciones muy ambiguas con respecto a esta realidad. Más bien tienden a negarla, suelen decir que la ignoran, aunque sepan muy bien que esto puede suceder. Es la típica paradoja del adolescente: quiere ser comprendido, incluso adivinado, al mismo tiempo que piensa que nadie puede comprenderlo.

Puesto a disposición de todo el mundo, un diario íntimo cambia de cariz: se convierte en una especie de vitrina donde los autores dan un espectáculo. Esto precisamente coincide con la histeria de los adolescentes y con sus deseos de seducción. Muy proclives al narcisismo, les gusta ser observados; a veces demasiado. Los cambios de la pubertad, que fragilizan la imagen del cuerpo, a veces provocan comportamientos patológicos. Pero la mayoría de

47

las veces no reconocen esta actuación exhibicionista, tienen la impresión de saber guardar una gran distancia con respecto a esto. «Es para divertirse», dicen.

Este descubrimiento excesivo les parece más normal si cabe porque su práctica hoy en día se ha generalizado mucho.

Las revistan rebosan de gente famosa, de niños de artistas que se confiesan, que exhiben su intimidad y la de su familia. Este fenómeno actual también afecta a los adolescentes: lo sufren y lo adaptan a su nivel. Así que no nos tiene por qué extrañar que les parezca normal decirlo y mostrarlo todo...

Algunas desviaciones graves...

Ha habido, por medio de los blogs, algunos casos dramáticos de suicidio o de mutilación. Recordemos de todas maneras que no es por culpa de un blog por lo que se han suicidado algunos adolescentes. El blog puede hacer de amplificador, de caja de resonancia, pero en ningún caso de desencadenante. Sin embargo, no hay que dejar de tener en cuenta este papel del blog, porque los adolescentes proceden muchas veces por capilaridad. Las chicas suelen imitarse mutuamente, ya que desde la infancia y de manera continua, se hacen mayores adaptándose al modelo femenino, materno primero y amistoso después. Basta con que una de ellas tenga un comportamiento mórbido para que las otras la imiten. El blog acentúa este contagio de los estados de ánimo. Los chicos, que, en la niñez, se tienen que despegar rápido del modelo materno, tenderán a menudo hacia la imaginación y se identificarán con personajes ficticios. Se sienten menos tentados a mirar a los otros para «hacer lo mismo»; por lo tanto, parece ser que el fenómeno de contagio les afecta menos.

... y multitud de excesos

Los medios de comunicación se han hecho eco de estos casos graves. Hasta tal punto que, para ciertos padres, ha llegado a ser un modelo de peligro. Pero conservemos la mente fría: estos accidentes son raros. En cambio, hay que mantenerse atento a muchos otros riesgos, más benignos, es verdad, pero también mucho más frecuentes. Se dan numerosos excesos. No les quitemos importancia.

Deja un rato el ordenador

⇨ **Exhibición**

La propia exposición no deja de tener riesgos. El más evidente es el de atraer a predadores sexuales, pero no es el único. Esta necesidad de que a uno lo miren, si se le anima a ello, puede llegar a convertirse en exhibición, sin que el adolescente se dé cuenta. Pero en este caso la exhibición no es anodina: es una puesta a disposición de los demás, un abandono sin límites que degrada la imagen de uno mismo.

En su blog, Laura, de 15 años, se muestra en pantaloncitos cortos y pone frases sugestivas, mientras que, en realidad, es tímida y reservada. Tiene miedo de que la traten como a una niña, porque sus padres la protegen en exceso; así, ella cree que combate su falta de seguridad dando a los demás una imagen que es opuesta a su verdadera personalidad. De hecho, a ella no se le dan bien las relaciones de pandilla. Se encuentra a disgusto con su seducción y no sabe muy bien dónde está.

Por supuesto, los padres que no miran los blogs de sus hijos suelen ser los últimos en enterarse, y cuando lo hacen, la línea ya ha sido cruzada. Pero en ese caso no tienen que minimizar las cosas, porque estos excesos son muestra de alguna dificultad personal.

Muchos adolescentes utilizan el blog para hacer ver que están a gusto. Pero en realidad este exhibicionismo los pone en situaciones peligrosas y no soluciona nada. Laura sigue sin comunicarse bien cuando está cara a cara con una persona.

⇨ **Difamación, indiscreción**
En sus blogs, los adolescentes pecan muchas veces de indiscreción y hablan de los demás a diestro y siniestro. Hacen revelaciones sin tener en cuenta el alcance de las mismas; tratan a su profesor de manera injuriosa, dan detalles íntimos sobre sus amigos o sobre su familia. Así, por ejemplo, a Luis le han puesto el calificativo de «marica» en el blog de un chico del colegio. La injuria puesta en línea ha corrido de boca en boca más rápido que la pólvora. Luis se ha sentido cruelmente herido y se ha encerrado en sí mismo. Humillado, muerto de vergüenza, a pesar del apoyo de sus seres queridos, ¡no ha querido volver a clase en varias semanas! Evocar la homosexualidad de alguien, o decir que otro es hijo adoptivo, viola el derecho a mantener en secreto la vida privada. Los niños tienen que ser avisados de esto y saber que son delitos penados por la ley. Además, cada vez hay más querellas de este tipo.

⇨ **Violencia**

Pedro llena su blog de imágenes muy violentas. Esto no significa que sea un ser violento, ni tampoco que sea capaz de pasar a la acción. A menudo es una manera de aplacar sus miedos y de exteriorizar su agresividad. Los impulsos agresivos están presentes en la adolescencia. Incluso podemos llegar a decir que no hay adolescencia sin un aumento de estos impulsos, porque estos están ligados a la llegada de la pubertad. Los adolescentes a menudo se ven desbordados por esta oleada de violencia que habita en ellos, les da miedo. Por eso, una manera de sentirse aliviados es proyectándola al exterior por medio de imágenes de películas, juegos, lecturas, etc. Esta es también una manera de hacer trampa, de esconderse y camuflar la ternura y la sensibilidad, que perciben como debilidades (véase el capítulo 4).

Bien protegidos en casa

Como cualquier otra forma de comunicación en la web, el blog permite ausentarse de la vida familiar… ¡pero estando en casa! Paradójicamente, nuestros hijos se sumergen en una hipercomunicación generacional mientras están cómodamente instalados en el nidito familiar. No hace falta decir que, a pesar de las apariencias, siguen teniendo un pie en la infancia. Lejos de aventurarse, lo que hacen es jugar como niños: todo es «de mentirijilla». Además, ellos mismos emplean el término «lúdico» para calificar sus actividades en Internet. «Lo hacemos para reírnos»; han comprendido rápidamente que esta frase tranquiliza a los padres, los persuade de que nada de lo que hacen va muy en serio y que, por lo tanto, no acarrea consecuencia alguna.

No nos dejemos convencer por esta excusa que lanzan siempre que pueden. Estas falsas incursiones en el mundo exterior no les hacen madurar demasiado en el plano afectivo.

El adolescente tiene que alejarse de la familia e ir a la aventura. Este trabajo de separación quizá sea más difícil de llevar a cabo hoy, porque los vínculos entre padres e hijos a menudo son mucho más fuertes que en el pasado: cuidamos mucho a nuestros hijos. O como mínimo los hemos observado mucho, y ahora ya están en la adolescencia, asediados por lazos familiares no forzosamente excelentes, pero muy apretados y difíciles de desatar.

Consejos

• **Sin intrusión forzada:** no exijamos mirar su blog de manera autoritaria porque lo considerarían como algo violento e intrusivo, igual que lo era la lectura del diario íntimo en otros tiempos.

• **No ignoremos sus modos de comunicarse:** ni tampoco los demonicemos. Es un lenguaje tribal, su cemento generacional.

• **Blog, lugar de contagio:** hágales ser conscientes de la capilaridad intensa de sus estados de ánimo. Estos se expanden en sus blogs como la pólvora. Por supuesto, no se los reproche, porque esto provocaría una reacción contraria a la que queremos. Lo ideal es más bien animarlos a ser ellos mismos, enseñarles a poner un poco de distancia respecto a los problemas de los demás. Les suele suceder esto sobre todo a las chicas. Hágales saber que sus amigas desamparadas seguramente tienen otros recursos y que, en los casos serios, más vale consultar a un adulto.

• **Ayudémosles a adquirir seguridad:** a veces piensan que exhibiéndose podrán arreglar las relaciones difíciles con los demás. No menospreciemos el sufrimiento que puede provocar el miedo a ser juzagado de tal o cual manera. Preguntémonos sobre la causa de esta falta de confianza. ¿Qué mensajes hemos hecho llegar a nuestros hijos? ¿Qué imagen de ellos mismos les hemos reenviado? ¿Los habremos sobrestimado, o habremos hecho lo contrario? ¿Los habremos comparado demasiado torpemente con otros, ya sean hermanos o amigos?

Ayudémosles a ser lo más auténticos posible, a sentirse más cómodos. Enseñémosles las reglas básicas de la comunicación corriente: no contentarse con responder sí o no, mantener una conversación, hacer preguntas… Mostrémosles que a menudo sobrestiman a los demás, ¡porque ellos también se sienten inseguros!

• **Anonimato ilusorio:** recálqueles que el blog no es un diario íntimo. Que el anonimato es una ilusión. Cualquier persona cercana podrá desbaratar enseguida los seudónimos y los nombres de pantalla, y reconocerse en el blog.

• **Respeto por los demás:** recuérdeles las nociones de respeto por los demás y por uno mismo, por la vida privada y por la intimidad. No se puede decir cualquier cosa sobre cualquier persona. Desvelar verdades de otros es una intromisión en su vida privada, una indiscreción. Decir cosas falsas es difamar. Y las dos cosas son delitos penados por la ley.

• **Pensar cualquier cosa, pero no decir cualquier cosa:** todo el mundo tiene derecho a pensar cosas negativas sobre sus padres, hermanos, profesores... Pero no se puede decir todo, y mucho menos escribirlo. Escribir nuestras opiniones les da un carácter grave y definitivo. Puede fijar una idea negativa que se haya tenido en un momento de enfado. Uno puede pensar que su madre es imbécil, aunque se le encuentren multitud de virtudes. Escribiéndolo, se refuerza la depreciación y desaparece la complejidad del juicio.

• **Vivir el pudor:** explíqueles que la intimidad y el pudor no tienen nada de malo. Son útiles para protegerse de la mirada de los demás, que no siempre es bienintencionada. Exponerse demasiado es ofrecerse a que los demás le juzguen a uno de manera perentoria y apresurada. Preservar la intimidad es mantener el control de la propia imagen. Cuando esta se escapa y se mancha con la vulgaridad o la agresividad de otros, uno se encuentra sumergido en la vergüenza y la humillación, ¡que son las peores heridas!

• **Ayudémosles a aventurarse al exterior:** animémoslos a afrontar el mundo de verdad, con sus conflictos y peligros, sin miedo. En la adolescencia, es sano que se intente explorar fuera de casa. No es posible madurar sin este riesgo. Como padres, les podemos incitar a participar en un viaje de fin de curso, a dedicar un poco de tiempo a un proyecto asociativo, a matricularse en un club deportivo o, incluso, en el caso de los más mayores, a buscar un trabajo de verano. ¡Quizá sea duro oírles protestar si les damos la oportunidad de pasar una temporada en el extranjero, y tengamos que resistirnos si queremos que se realice un proyecto como este!

• **No abandonemos la transmisión:** respetemos su espacio de comunicación, pero sin que este llegue a ser exclusivo. No dejemos que las conversaciones adolescentes lo ocupen todo. Recordémosles que existen otros muchos valores, individuales, culturales y familiares (véase el capítulo 8).

Lo esencial

El blog se parece a un diario íntimo, pero la diferencia radica en que está abierto a todas las miradas. Los niños muchas veces simulan ignorarlo. Atención, este exhibicionismo refuerza las patologías narcisistas propias de la adolescencia.

Se ha hablado mucho de casos dramáticos de suicidio por causa de los blogs. Estos graves sucesos ocultan a menudo que existen muchas otras desviaciones más pequeñas pero más habituales: exhibición, difamación, indiscreción...

Los blogs como foro son parte de una nueva forma de socialización, a pesar del alejamiento o el poco tiempo pasado entre amigos.

Atención, con la comunicación virtual, los adolescentes tienen la impresión de salir al exterior, aunque en realidad se mantengan confortablemente protegidos en el caparazón familiar. Esta comodidad no les ayudará a crecer y a madurar.

Capítulo 4

Los videojuegos: la pasión de los chicos

Estos juegos de estrategias refinadas, situados a menudo en decorados históricos, son extremadamente seductores. Pero también terriblemente adictivos. Sobre todo porque los adolescentes no saben muy bien cómo dosificar las cosas. Este es sin duda uno de los aspectos más problemáticos de la nebulosa Internet.

Los videojuegos están a la cabeza del palmarés… si tenemos en cuenta su poder de atracción sobre los niños. A los chicos les vuelven locos. Las chicas también juegan, pero no tanto. Los adolescentes practican sobre todo los juegos en red. Y algunos pequeños, con hermanos mayores, se inician en el tema bastante jóvenes.

Deja un rato el ordenador

Si sus hijos no responden, si permanecen clavados frente a la pantalla con la cara iluminada, totalmente insensibles a cualquier presencia, probablemente será porque están luchando con un elfo o están absortos en la búsqueda de alguna llave imposible de encontrar. No tiene nada que ver con las conversaciones de chat o de MSN, que son interminables, es cierto, pero que practican distraídamente al mismo tiempo que hacen sus deberes (véase el capítulo 8). Con los videojuegos, por el contrario, los niños se ausentan literalmente.

Mientras que podemos llegar a comprender más o menos bien sus manías con las conversaciones virtuales, estas «desapariciones» por otros mundos nos parecen prácticas de mutantes. Además, no es que acaben relajados, sino que más bien es como si les hubieran puesto pilas nuevas. Preferiríamos verles correr detrás de un balón. Pero esa no es la cuestión.

Aquel que consiga sacarlos de sus sillas será muy astuto. En fin, que estos videojuegos nos exasperan mucho. Sin embargo, sería muy útil que nos interesáramos por conocerlos para poder actuar con conocimiento de causa, y quizá así prevenir otros riesgos posibles.

Los videojuegos tienen buenas cualidades

⇨ **Jugar es normal**

No olvidemos que al fin y al cabo se trata de juegos. No los nuestros, pero sí los suyos, y que para los niños e incluso los adolescentes (porque este interés se prolonga mucho más allá de la infancia) es normal jugar.

Además, si nos fijamos en los contenidos, reconoceremos fácilmente nuestros pasatiempos de juventud. Los *Sims,* gigantesco universo interactivo en el que se urbanizan y acondicionan sitios para que vivan personajes, se parecen mucho a las casas de muñecas, pero de manera más sofisticada. Lo mismo ocurre con los juegos de combate, que son versiones más complejas de los policías y ladrones, u otro tipo de juegos con palos y escudos. Construir ciudades-imperio moviliza la creatividad y la imaginación, como lo hacían antes los juegos de maquetas o de construcción que gustaban especialmente a los niños.

⇨ **Iniciarse en las tecnologías**

Muchas veces los niños se inician en la nebulosa informática con estos juegos, y se van familiarizando con las nuevas tecnologías.

Deja un rato el ordenador

⇨ **Hacer amigos**

Los videojuegos les permiten desarrollar vínculos sociales, hacer amigos, porque pueden jugar varios a la vez, pero también porque es EL tema de conversación durante el recreo. Se intercambian informes confidenciales y se piden consejos para resolver problemas. Todo son pretextos para estrechar lazos, igual que los manitas interesados por el bricolaje o los pescadores, que se abonan a revistas o van a tiendas especializadas para encontrar a otras personas con la misma afición. Los videojuegos implican este tipo de socialización que se ejerce alrededor de una actividad solitaria.

⇨ **Darle al coco**

Enigmas para resolver, estrategias que hay que establecer... Con los videojuegos, los niños le dan más al coco. Están más activos que delante de la televisión. Para avanzar, tienen que hacer gala de creatividad, comprensión, capacidad de inventiva y de reacción, sangre fría... No está tan mal.

⇨ **Desahogarse**

Jugar a guerrear no es inútil. Como hemos visto antes, es una manera de evacuar las tensiones y exteriorizar los impulsos agresivos, que pueden ser fuertes en la infancia y no paran de aumentar en la adolescencia. No es casual que los niños hayan practicado este pasatiempo durante varias generaciones.

Pero existen riesgos...

⇨ Como una droga

Los juegos de paciencia que hay en Internet son muy adictivos. Existe una oferta increíblemente grande de juegos. Las partidas normalmente son cortas, pero, tan pronto como acaban una, los niños empiezan una nueva de otro juego. Con una bulimia un poco mecánica, no encuentran razón para parar.

Los juegos de estrategia, que en su mayoría se juegan en red, es decir, con una multitud de gente que se conecta, ya sea en el mismo momento o no, ejercen un poder de fascinación muy diferente, mucho más fuerte. Sumergidos en un mundo virtual, ocupados en librarse de los ataques enemigos, en resolver enigmas, los niños no se dan cuenta de que el tiempo pasa. A veces se dejan fascinar hasta el punto de no hacer nada más que esto, y de dejar de lado cualquier otra forma de juego, quizá incluso de vida.

Los juegos de rol en los que el jugador se convierte literalmente en «otra persona» llevan a los participantes muy lejos. Podrán escribir sus propias historias. Dotados de una representación virtual, se desdoblan y llevan una vida paralela. Este «viaje», que puede durar meses, o incluso años, acaba por obsesionarlos totalmente. No consiguen despegarse. Y más todavía porque sufren la presión de los demás participantes, puesto que cada uno tiene un papel y hacen asociaciones. Para organizar una acción común, para establecer una estrategia, fijan citas en línea a horas concretas. Así pues, ¡perderse una de estas reuniones podría ocasionar que la asociación fuera penalizada! La asiduidad tiene aquí mucha importancia. De ahí provienen los casos graves de dependencia, de ruptura patológica con la realidad, de inmersión en universos paralelos. Conectarse a una red para intentar neutralizar a terroristas es la principal ocupación de Javier, de 16 años, el único lugar compartido con otros. Nada más salir del instituto se precipita al ordenador. Durante las vacaciones, sus escapadas virtuales se prolongan toda la noche, y duerme de las 7 a las 17 h. «Los juegos son mi motor, si me quitan Internet, nada merece la pena… Sé que es una droga, pero entre drogados nos divertimos», explica.

Muchos, por suerte, no llegan a este extremo, pero sí es cierto que les cuesta poder divertirse de otra manera que no sea esta, y descartan las salidas familiares o el deporte que antes practicaban alegremente. ¡Llegados a este punto, tenemos que poner límites sin temor a disgustarles!

«No life»

Todos hemos topado en algún momento con monomaniacos… de los sellos, del modelismo, de los cómics, de la música, pero estas pasiones, aunque excesivas, jamás han engendrado un fenómeno social preocupante, capaz de absorber a toda una generación. Sin embargo, con los videojuegos se ha dado un paso más, y a veces muy grande.

Pruebe a entrar en uno de estos juegos: comprenderá la fascinación desmedida y se dará cuenta enseguida de que son más seductores que una colección de sellos. La sofisticación de las imágenes, la perfección de los decorados no tienen parangón. «Es como el cine, pero estás dentro», explica Alberto, de 15 años. Los fabricantes de juegos han comprendido muy bien los milagros de esta afinidad con el cine. Las películas de gran éxito como *Harry Potter, La guerra de las galaxias* o *El señor de los anillos* han pasado a ser juegos. Los niños pueden codearse con sus héroes preferidos.

Y de ahí la confusión entre lo imaginario y lo real. Algunos niños ya no saben muy bien dónde se sitúa la frontera. Por lo que respecta a los adolescentes que van a parar a estos juegos, a veces sufren una cierta nostalgia de la infancia, incluso antes de haber salido totalmente de esta.

Sin duda buscan huir de una cotidianidad que los angustia, de una realidad abrumadora y mortífera, o quizá de la fragilidad de los padres. Para algunos, se tratará de una escolaridad obligada o laboriosa que les da una imagen de ellos mismos decepcionante, a años luz de sus sueños secretos o de sus ambiciones. Para otros, se tratará de un conflicto con los padres que se vuelve eterno, los problemas económicos o profesionales que llenan las conversaciones de los adultos, o bien la enfermedad o la muerte de alguien cercano.

Observemos que tienen tendencia a sumergirse en estos universos virtuales precisamente en los momentos más decisivos para su futuro, como, por ejemplo, el último año de bachillerato, en el que Nicolás, un alumno excelente el año anterior, se ha unido a los abonados ausentes y pasa la mayor parte de su tiempo jugando en el ordenador a videojuegos que se descarga afanosamente, como si el final de sus estudios hubiera llegado demasiado pronto en su vida, ¡y quisiera hacer todo lo posible para parar el tiempo!

A quienes afecta más este tema es a aquellos que son muy frágiles, o depresivos, o padecen de fobias sociales o escolares y se tienen poco estima. Los verdaderos adictos se denominan a ellos mismos «No life».

De esta manera evitan situaciones difíciles, pero evitándolas acrecientan sus miedos. «Antes, para superar el malestar, los adolescentes buscaban pelea. Hoy en día, se encierran frente a la pantalla con un juego virtual», comenta el psicólogo Michael Stora, especializado en este tipo de adicción. Quizá se trate de una cura temporal, ¡pero está claro que la realidad los alcanzará y tendrán que afrontarla!

⇨ Una ilusión de comunicación

Los excesos revelan una dificultad para comunicarse. No obstante, los niños muchas veces no se dan cuenta de ello, porque las relaciones que establecen entre los jugadores les ofrecen la ilusión de una intensa actividad social. De hecho, los juegos en línea favorecen al mismo tiempo la socialización y la soledad. Paradójicamente, estos encuentros no cambian ni un ápice el comportamiento solitario: no resuelven la fobia de un encuentro real con otra persona y, sin embargo, les permiten dar un rodeo a sus dificultades relacionales y hacerse la ilusión de que no las tienen.

⇨ Un imaginario que se escapa

Si ya no son capaces de jugar de otra manera que no sea la de estar frente a una pantalla, su imaginario personal corre el riesgo de atrofiarse, pues el universo rico y sofisticado que se les ofrece con los videojuegos acaba aniquilando el que ellos podrían elaborar solos.

Ya no se dejarán llevar por sus sueños personales, ni crearán escenarios imaginarios que, sin embargo, podrían nutrir de una manera estupenda su creatividad.

⇨ **Cada vez más impacientes**

En los videojuegos, como en las películas y las series, todo tiene que suceder muy rápido: a cada momento pasan cosas que llaman la atención. Todo el tiempo se está en movimiento. Estos ritmos nuevos provocan que haya un cambio en las estructuras mentales: el sentido del esfuerzo y de la espera se marginan. Así, nuestros hijos se acostumbran tanto a estar delante de sus pantallas móviles, que la concentración que precisan otros soportes les parece más complicada. Las páginas de un libro, por ejemplo, son muy estáticas, ¡por no decir claramente insalvables! Los niños acaban por no soportar lo que no es interactivo. Durante sus visitas a los museos, a veces vemos cómo se agolpan ante el material informático y tocan frenéticamente los botones, muchas veces sin intentar siquiera comprender el contenido. Los profesores perciben que cada vez hay más problemas de concentración al finalizar la primaria y empezar la secundaria. ¿Serán los videojuegos la causa?

⇨ **El sentimiento de ser todopoderosos**

En estos juegos interactivos, el niño no se identifica con un héroe, sino más bien con el conductor del juego, porque crea y administra él mismo su mundo y sus personajes. En cierta manera, es una especie de dios. De golpe, puede conservar ese sentimiento de ser todopoderoso que tienen los niños cuando son pequeños. Y más porque en la actualidad tenemos tendencia a tratarlos como a reyes, a no negarles nada por miedo a disgustarlos, ¡y a fragilizar un vínculo afectivo que a veces es el único en el que creemos!

Cuidado con la violencia

Si bien el contenido de los juegos que compramos en el mercado está controlado, no pasa lo mismo con el que encontramos en Internet y del que no conocemos la procedencia. Algunos juegos son de una violencia inadmisible, incitan al odio y llevan a ideas de lo más abyectas. Por ejemplo, ¡un juego proveniente de Estados Unidos propone disparar a clandestinos que pasan la frontera mexicana! ¡Matar a una mujer embarazada da más puntos!

«Cuando disparas a un personaje es genial, no para de salir sangre de su cabeza», dice Ramón arrogantemente.

A los adolescentes les gusta bromear con la violencia. Es una manera de dejar estupefactos a los padres y mostrarles que son impermeables a las emociones, precisamente porque estas, en todas sus formas, no dejan de asediarlos. El adolescente está, por ejemplo, muy preocupado por la muerte, porque está en plena etapa de duelo: por el niño que era y por la imagen que tenía de sus padres, protectores y todopoderosos. También intenta dar el pego mostrándose insensible al horror. Para él es una manera de inmunizarse contra sus angustias. Aún es un niño al que le gustan las historias que den un poco de miedo, y de ellas se sirve para hacer su exhibición. No olvidemos que el adolescente está sujeto a un desbordamiento de impulsos agresivos que le dan miedo. Los juegos violentos a menudo son una manera de exteriorizarlos.

Consejos

• **Ponga límites de tiempo:** sin prohibir, hay que limitar para impedir a toda costa que los niños caigan en el exceso. La tarea es difícil y requiere mucho tiento. Pero hay que llevarla a cabo, porque los adolescentes entienden poco de medidas. Esta gestión de su tiempo los supera. No confíe demasiado en su fuerza de voluntad. Ayúdelos y, como ya hemos dicho, establezca las reglas de juego. Ponga límites al tiempo; por ejemplo, solo el fin de semana o, si los conflictos son demasiado numerosos, solo durante las vacaciones.

• **Sepa proponer alternativas:** los niños de 10 a 12 años aún son receptivos a otras proposiciones. Aprovéchese de ello. Juegue con ellos, al Monopoly, las damas o a juegos de cartas, da lo mismo; a esa edad están entusiasmados por cualquier tipo de juego. Por supuesto, las pantallas que los mantienen inmóviles, con la boca abierta, son excelentes niñeras, y quizá sea esa la razón por la que tenemos tendencia a cerrar los ojos. Intentemos hablar con los más mayores y encontrar una ocupación común que nos guste a todos.

• **La violencia, hablemos de ella:** intente comprender por qué les fascina tanto. Trate de hablar con ellos. Dé su punto de vista, sin ponerse nervioso, porque esto podría reforzar su idea de que no es posible dialogar sobre el tema. Avíseles sobre las ideologías perniciosas que transmiten algunos juegos. Asegúreles que no se trata de algo anodino, que estas mentalidades tienen evidentemente prolongaciones en la realidad. Estas cosas son bastante abstractas para ellos porque siempre han vivido en universos muy protegidos, sin saber nada de guerras y de regímenes políticos peligrosos. Conviene que, de nuevo ahora, intentemos no banalizar y despertemos su sentido crítico.

• **Compruebe los contenidos:** algunos juegos, que compramos en las tiendas, tienen indicaciones sobre la edad y las prohibiciones. Respételas. Si en un juego pone «A partir de los 12 años», no se lo regale a su hijo de 10 años con la excusa de que es muy despierto y espabilado para su edad. Si se lo presta un amigo, dígale tranquilamente que por el momento no está de acuerdo.

Lo esencial

Es normal que los niños jueguen. Estos videojuegos son los juegos de su generación. Prohibírselos significaría aislarlos de sus amigos.

Estos juegos no son más simples de lo que lo eran los nuestros: requieren mucha inventiva y capacidad de reacción.

Existen numerosos casos de dependencia. Limite, comprenda: en caso de excesos, quizá es que sus hijos están intentando huir de una realidad que los angustia. Los videojuegos son lugares de refugio.

Los juegos en red hacen que se socialice, pero no arreglan los problemas de soledad y los bloqueos relacionales.

Las imágenes que se mueven han acabado por volver a los niños alérgicos a los soportes inmóviles; por ejemplo, a los libros. Los profesores están de acuerdo en que ha habido un descenso de la concentración.

Cuidado, ciertos juegos exhiben una violencia inaudita y transmiten ideas abyectas. No deje solos a sus hijos ante estos excesos.

Capítulo 5

Una gigantesca enciclopedia

**Podemos encontrarlo todo en Internet, lo cual, curiosa-
mente, no simplifica las búsquedas, ya
que, como realmente está «todo», a veces
encontramos «todo tipo de chorradas». Frente
a esta marea de información proveniente de todas
direcciones, urge encontrar nuevas cualidades,
aprender a elegir y jerarquizar, evaluar. Y también
a ceder a la tentación del copiar y pegar.**

El acceso a una documentación inagotable…: esta
era su motivación principal cuando se abonó a
Internet. Además de utilizarlo para otras cosas, sus
hijos lo usan mucho para sus trabajos escolares. No
resulta extraño ver a los más jóvenes ponerse a buscar cosas ya a los 9 o 10 años, en primaria. Felicítelos,

anímelos en sus iniciativas, pero no piense que, con la excusa de que se trata de un trabajo, pueden arreglárselas totalmente solos. Porque, por muy rica que sea, esta nueva fuente de conocimientos también contiene escollos.

Las partes buenas de esta gigantesca enciclopedia

⇨ Como un juego
Esta forma de ir a la caza de información para un trabajo les gusta mucho a los niños. Las búsquedas, por muy arduas que sean, les parecen muy lúdicas cuando se realizan por Internet. Es como si en ese momento trabajar fuera jugar. Y los más pequeños están orgullosos de ser capaces de encontrar datos para sus exposiciones.

⇨ Como un adulto
Buscar solo información desarrolla la curiosidad intelectual y la autonomía. No olvidemos que son los adultos quienes inculcan la mayoría de los conocimientos de los niños. Su propia experimentación al final se tiene poco en cuenta. Internet les da la posi-

bilidad de adquirir elementos por sí mismos, de sacar de aquí y de allá según sus intereses. Sergio, por ejemplo, hijo de un intelectual muy culto y con acceso a una biblioteca muy completa, se precipita a buscar en Internet, precisamente sobre los campos predilectos de su padre. A este último le irrita un poco y no entiende por qué su hijo no le consulta.

⇨ Descubrir más todavía

Durante sus búsquedas, los niños descubren campos de interés que ni siquiera habían sospechado. Mientras que en el pasado los curiosillos se sumergían durante horas en los diccionarios, pasando de una búsqueda puntual a una foto, luego a una ilustración y luego a un mapa, los jóvenes de hoy pueden multiplicar hasta el infinito esta práctica y ampliarla con todo tipo de intereses que tengan. Los adolescentes, que tienen un interés dominante por la música, podrán, por ejemplo, ampliar sus gustos a una velocidad impresionante.

⇨ Todo el mundo igualado

Antes, los niños que habían nacido en un entorno culto tenían claramente ventajas con respecto a sus compañeros. Disponían de bibliotecas y padres capaces de darles datos u orientarlos. Hoy en día, las posibilidades de Internet reequilibran un poco esto. Lejos de crear una verdadera equidad cultural, pone los datos a disposición de todo el mundo, sea cual sea su origen sociocultural.

Pero los factores de igualdad se acaban aquí. No es cierto que todos los jóvenes saquen los mismos beneficios de esta multitud de datos. El acceso a la información no es una panacea. Hay que saber evaluarla, elegirla. Así que otras muchas competencias participan en ello.

Lo encontramos todo, pero no es tan sencillo

⇨ **Gestionar la abundancia: una nueva competencia**
Actualmente, y no solo por medio de Internet, nos encontramos sumergidos en una multitud de informaciones, imágenes, creaciones, opiniones, deseos... Lo tenemos todo a nuestra disposición: películas, música, espectáculos, datos científicos... Iniciar una navegación en Internet con un objetivo concreto puede llegar a ser más problemático que abrir un armario repleto de cosas. Algunos niños que en un principio encuentran muy lúdicas las bús-

quedas de información, pueden acabar sintiéndose superados por la amplitud de todo lo que reciben. Incluso para los más mayores, la marea de información a la que se puede acceder resulta mucho más vasta de lo que necesitan. No hay límite: la multitud de posibilidades parece no tener fin.

Por tanto, lo importante hoy en día no es ya el acumular datos, puesto que una máquina nos los pone al alcance rápidamente, sino evaluarlos, elegirlos y, en determinados momentos, protegerse de ellos. Las verdaderas competencias residen ahora en las capacidades de orientación y discernimiento. Más que nunca, es importante la capacidad de sintetizar y de analizar. La diferencia radicará en ello. Sin dicha capacidad, toda esta información, por muy grande que sea, dará la impresión de ser irrisoria y caduca.

⇨ Cuidado con las malas informaciones

En la publicación tradicional de un libro o de una enciclopedia, las elecciones llevadas a cabo por los profesionales de las editoriales y las diferentes relecturas que se realizan hacen de filtro. Hoy en día, con Internet, el recorrido del saber está mucho menos jerarquizado y menos sometido al control de los especialistas; en cierta manera, se convierte en la suma de los conocimientos de todo el mundo. La enciclopedia electrónica Wikipedia, muy consultada por las generaciones jóvenes, es un buen ejemplo de este tipo de procedimiento. Los artículos se van enriqueciendo continuamente por cualquiera de los internautas. Este puede dar las informaciones que le parezcan, completar o suprimir otras que considere falsas, según el principio de que a fuerza de ser corregida y aumentada, la verdad debería finalmente surgir por un fenómeno de autorregulación. Pero eso es admitir a la ligera que la mayoría piensa acertadamente...

⇨ **El copiar y pegar hace estragos**
Cada vez hay más profesores que se quejan de que, para hacer sus deberes, los alumnos se conforman con copiar textos y comentarios que encuentran en Internet. Por supuesto, esta práctica no es novedosa; en todas las épocas los estudiantes han utilizado trabajos de alumnos de cursos superiores, o de sus hermanos mayores, pero al menos tenían que hacer el esfuerzo de buscarlos y luego volverlos a escribir. Esta tarea larga y fastidiosa limitaba un poco el fraude, y, como comenta un profesor de

francés, el tiempo utilizado para copiar al menos permitía al tramposo asimilar algunos fragmentos del contenido. Ahora, en cambio, con los nuevos motores de búsqueda, se puede encontrar todo tipo de información sobre cualquier tema simplemente escribiendo una o dos palabras clave. Hay páginas que incluso proponen disertaciones a cambio de algunos euros. El colmo: muchos niños copian textos sin ni siquiera leerlos hasta el final. En resumen, hacer trampas ha llegado a ser mucho más fácil porque las fuentes se han multiplicado y es más difícil pillar a los copiones en flagrante delito.

Se ha banalizado el hacer trampas y se practica habitualmente, también en los estudios superiores: ¡siete estudiantes de cada diez piensan que al menos un cuarto del texto de unos deberes tipo ha sido copiado de Internet!

Se trata simple y puramente de plagio, pero los jóvenes no son verdaderamente conscientes de esto porque en nuestra sociedad, en la que la gratuidad se generaliza, parece que lo que está en Internet pertenece a todo el mundo.

También podemos preguntarnos sobre el culto a la modernidad que se pregona a ultranza durante toda la vida escolar: se acaba dando más valor a saber desenvolverse que al saber y la reflexión. Esto hace perder un poco de vista que el objetivo de la escolaridad es la asimilación de conocimientos para ir más lejos en la reflexión y el conocimiento del mundo, y no conseguir la mejor nota cueste lo que cueste.

⇨ **La devolución del esfuerzo**
Actualmente, todo tiene que ser instantáneo, tanto la búsqueda de información como el disfrute de los placeres. Esto es de lo más normal para la mayoría de nuestros hijos. Pero la rapidez tiene algunos problemas: corremos el riesgo de perder por el camino el sentido del esfuerzo. Sin embargo, nunca podremos ahorrárnoslo. El sentido del ahorro queda a un lado, pero sigue siendo necesario. Aunque ahorremos tiempo y esfuerzo para reunir conocimientos, nos harán falta cada vez más para asimilarlos.

Y de esto nuestros hijos se olvidan: con esta herramienta hipermoderna están como en un «sírvase usted mismo» con todo al alcance de la mano. El riesgo es que nos dejemos engañar por sus capacidades intelectuales y no percibamos el desagrado que les provoca el esfuerzo, que los paraliza.

Muchos niños que tienen grandes facilidades para poder aprobar no dejan de suspender porque

simplemente rechazan aprender. El esfuerzo necesario e inevitable del aprendizaje ha acabado por
parecerles insuperable.

Consejos

• **Se divierten, ¡pues mucho mejor!** No les privemos del
placer que les proporciona el hacer búsquedas por
Internet, es un motor importante para que tengan
motivación por el trabajo.

Si adoptáramos una manera de hacer las cosas
más lúdica ya desde el inicio del aprendizaje, ¡los niños,
sin lugar a dudas, encontrarían más sentido a las tareas
que se les proponen!

• **Ya no le consultan:** sus hijos ya no le preguntan y antes
prefieren buscar por Internet que acudir a usted. No se
exaspere. Su hijo tiene la necesidad de actuar acorde
a su tiempo y de probarse a sí mismo que puede desenvolverse solo. ¡En la adolescencia este es un duro reto!
Todo ello no impide que usted le facilite algunas pistas
suplementarias: su saber adquirirá un cariz más sutil. La
verdadera riqueza cultural pasa por la acumulación
de un máximo de estratos de conocimiento.

• **Sin complejos:** sus hijos suelen pensar que usted tiene muchas menos capacidades que Internet. Por su parte, usted se siente superado, inútil. Pero no tiene que tener complejos: su capacidad de síntesis siempre será mejor que la de un niño de 12 años.

• **Informaciones no siempre fiables:** hay que avisar a los niños de las posibilidades de error que existen en Internet. Que una información esté en Internet no tiene por qué significar que sea cierta. Tampoco todo lo que se imprime en los libros está garantizado al cien por cien. Pero con Internet el riesgo de información incorrecta ha aumentado.

Más que nunca, hay que ayudar a los jóvenes internautas a desarrollar su sentido crítico, a formar sus propias opiniones. Como padres, no dudemos en darles nuestra opinión, en hacerlos partícipes de nuestra reflexión. Ayudémosles a que justifiquen más claramente una opinión o razonamiento.

• **Alto al copiar y pegar:** avíseles sobre el fenómeno del plagio. Copiar las ideas de otro no significa ser más astuto; al contrario, quiere decir que uno es incapaz de reflexionar por sí mismo, implica desvalorizarse y admitir la propia debilidad como un hecho.

Devuélvales la confianza en ellos mismos valorando sus propias opiniones, aunque le parezcan escasas. Ese será el momento de animarlos a llegar más lejos en sus reflexiones.

En el caso de los más jóvenes, si este trabajo de búsqueda no está guiado, puede que no utilicen dicha herramienta de manera pertinente.

Recuérdeles que el objetivo no es conseguir un 8 sobre 10 en sus deberes, sino comprobar el estado de sus conocimientos y su comprensión, para que mejoren. Van al colegio para aprender y enriquecerse intelectualmente, no para que los padres y los profesores estén contentos.

• **Pedir ayuda en Internet:** existe una web del Ministerio de Educación, la CNICE (Centro Nacional de Información y Comunicación Educativa), que ofrece diferentes recursos y ayuda a los niños para que puedan realizar sus trabajos escolares; asimismo, les proporciona material y ejercicios adicionales que pueden realizar de manera interactiva (véanse «Direcciones útiles»).

• **Volver a valorar el sentido del esfuerzo:** hay que recordar a nuestros hijos que no pueden saltarse el

tiempo necesario para la adquisición de conocimientos, aunque sean muy inteligentes o habilidosos
buscando información por Internet. A pesar de la gran
funcionalidad de las herramientas, procuremos que
reflexionen y realicen un esfuerzo de organización, de
presentación. Algunas conversaciones sobre los temas
tratados les permitirán comprobar si digieren o no lo que
utilizan.

Lo esencial

Buscar información por Internet puede reactivar
las ganas de los niños de realizar trabajos escolares
y desarrollar su autonomía. No olvidemos estas ventajas.

Sin embargo, ante esta marea de datos de todo
tipo puestos a su alcance, urge desarrollar su sentido crítico y su capacidad de síntesis.

Tienen que comprender que, aunque sea fácil
encontrar información, darle la perspectiva ade-
cuada y comprenderla requerirá siempre trabajo y
esfuerzo.

Cuidado con el copiar y pegar, que, según los profesores, es un procedimiento cada vez más generalizado. Con esta práctica, se desvalorizan a sus propios ojos y se mienten a sí mismos.

Capítulo 6

Webs indeseables: ¡peligro!

Probablemente usted no conoce todo lo que circula por Internet: nos referimos tanto a lo mejor como a lo inimaginable, la gran violencia, la pornografía, las ideologías más peligrosas... Nuestros hijos tienen muchas posibilidades de ir a dar con alguna de estas páginas, al menos una vez durante su adolescencia, voluntariamente o no. En este caso, el diálogo, la palabra y aprender a juzgar siguen siendo los métodos más eficaces contra este problema.

La mayoría de los padres han abordado Internet de manera utilitaria, en el marco de sus profesiones. Por tal razón, a menudo lo que tienen es una visión parcial de esta herramienta, esencialmente ligada al envío de mensajes y a la documentación. Pocos son

los que han navegado lo suficiente como para poder
hacerse una idea del alcance de Internet. Porque
Internet es el mundo entero al alcance de la mano;
podemos encontrar todos los aspectos de la naturaleza humana: los más creativos, interesantes, sor-
prendentes, originales o incluso irrisorios, conformistas,
pero, al mismo tiempo, podemos topar con los más
peligrosamente criminales o los más violentamente
desquiciados. El abanico es infinito, de lo mejor a lo
peor. Muchas veces no nos damos cuenta de hasta
qué punto nuestros hijos pueden, hoy en día, sumergirse por completo en toda esta realidad. Así, cuando
decidimos controlar su «bulimia» de Internet, nos polari-
zamos sobre todo en los límites temporales y estamos
menos atentos al contenido. Sin embargo, según un
sondeo realizado por el Instituto Francés de Opinión
Pública (IFOP), un joven de cada tres ha topado, voluntariamente o no, con imágenes chocantes.

Explorar las webs porno, un pasatiempo de adolescentes

Esta es la gran actividad de los niños más crecidos,
especialmente los chicos, por la noche, cuando los

padres no están. Nada nuevo. En todas las épocas, los adolescentes se han sentido atraídos por las imágenes de la sexualidad, para transgredir las normas establecidas y, sobre todo, para poder satisfacer su curiosidad. En la adolescencia, el universo del sexo da miedo y fascina al mismo tiempo. Por eso es muy natural que busquen en todos los lugares posibles. También es normal que lo hagan a escondidas. En esta época de la vida, todo lo que sea de tipo sexual en ningún caso puede ser compartido con los padres. El hecho de que a los chicos les atraigan más que a las chicas estas imágenes pornográficas se debe a que, en este ámbito, reciben una mayor presión social: sobre ellos pesa el imperativo de las gestas. Saben que no podrán engañar con su ardor sexual. La sexualidad masculina se desarrolla visiblemente. Mientras que las chicas, por su parte, pueden refugiarse en multitud de posturas, entre ellas el disimulo. Su sexualidad adquiere un cariz más íntimo, y también más libre.

El auge actual

Aunque en todos los tiempos los adolescentes se han sentido atraídos por las imágenes de la sexualidad, antes el acceso era mucho más complicado. Las generaciones anteriores tenían que ir al quiosquero del barrio y atreverse a pedirle una revista erótica. Con Internet, el acceso es, evidentemente, más fácil.

Sin lugar a dudas, los adolescentes están hoy en día mucho más tentados por la pornografía. Algunas emisoras de radio hablan de sexualidad de una manera muy cruda, dando a entender a los jóvenes oyentes que tienen que saber y hacer mucho para estar a la altura. No olvidemos tampoco que estamos en una sociedad en la que la imagen es omnipresente. En la actualidad encontramos legítimo verlo todo.

Los riesgos de topar con imágenes muy chocantes

En Internet encontramos de todo: imágenes eróticas, pero también páginas webs totalmente pornográficas con imágenes filmadas, llegando a las prácticas más desviadas como la zoofilia, el sadomasoquismo o la violencia. Al lado de esto, las antiguas revistas «para hombres» parecen cuentos de niños. Si satisfacen su curiosidad natural con

Internet, los adolescentes actuales corren el riesgo de llegar mucho más lejos de lo que hubiesen deseado en un principio. Imágenes excesivas pueden chocarles mucho, e incluso darles asco.

Quizá este sea el motivo de que muchas veces exploren las páginas web porno en grupo. Es una manera de establecer una distancia con respecto a estas imágenes y poder reírse de ellas. Si su curiosidad puede más y se empeñan en verlas, la manera de no sentirse engañados es verlas en compañía para confortarse unos a otros.

¿Qué efectos pueden tener estas imágenes?

En el pasado se solía decir que las revistas eróticas servían para educar sexualmente. No sucede lo mismo con las webs pornográficas. Más bien al contrario: dan a los adolescentes una visión de la sexualidad en las antípodas de lo que van a vivir. Dan a los chicos un modelo inquietante de lo que deberían hacer. El universo de la pornografía difunde además una imagen muy humillante de la mujer: forzosamente sumisa, dominada y consentidora. En la pornografía estamos en el reino del «todo está permitido», «todo es posible», «no hay nada chocante». ¡El macho dominante con todo derecho! La mujer solo tiene derecho a callar y a soportar. No es de extrañar, en este contexto, que el fenómeno de las violaciones en grupo se multiplique: la mujer se convierte en un objeto manipulable a merced de todos.

Estas exploraciones en el universo del sexo no enseñan a los adolescentes nada sobre el amor. Evidentemente, no sabrán nada sobre el aspecto más importante y complicado de llevar en una relación amorosa: la emoción, la relación afectiva, los sentimientos del otro, sus deseos, etc.

Si van a parar a esas páginas por casualidad

Los niños bien podrían topar con imágenes chocantes ingenuamente. Muchas palabras anodinas llevan a webs pornográficas. Al escribir «zoo», Teresa ha ido a parar a una web de zoofilia. Como no comprendía muy bien de qué se trataba, ¡ha seguido explorando para llegar a comprender!

En estos encuentros involuntarios, los niños están más desprevenidos y por esa razón les costará más establecer una cierta distancia. Como verdaderos impactos, estas imágenes pueden llegar a ser terriblemente chocantes y traumatizantes, sobre todo para los más pequeños, porque un niño impúber es incapaz de imaginar la sexualidad de un adulto. Así pues, tenderá a encajar por sí solo el problema y, según la fascinación que estas imágenes le hayan producido, se sentirá culpable.

Pablo, de 9 años, hacía una búsqueda para una exposición y, al escribir la palabra clave «chat», ha ido a parar a una web de porno lésbico. Primero chocado y luego fascinado, ha vuelto a la página unas cuantas veces. Consciente de haber franqueado un límite, no ha hablado de ello con sus padres, pero poco tiempo después ha empezado a sufrir ansiedad y a tener problemas para conciliar el sueño.

Hay cosas mucho peores...

También existen en Internet otras muchas webs desviadas que animan al suicidio, que reclutan a émulos para sectas y organizaciones terroristas, satánicas y pedófilas. Según los servicios policiales, se calcula que circulan permanentemente alrededor de 200.000 imágenes pedófilas. Hace poco hubo niños que sufrieron heridas graves intentando fabricar bombas para divertirse... siguiendo unas instrucciones que salían en la web.

Cuidado con las webs sobre anorexia

Se ha advertido un aumento de las webs que preconizan los comportamientos anoréxicos. Las crean enfermas graves de anorexia o de bulimia que hacen proselitismo, exaltan la delgadez extrema y facilitan una buena cantidad de consejos para conseguirla.

Los adolescentes son especialmente vulnerables a estas patologías del comportamiento alimentario, porque, en la etapa de la pubertad, tienen que alimentar a un cuerpo nuevo y pierden un poco las referencias. Este cambio puede hacerse felizmente, pero otras veces se realiza de manera angustiosa, y no comer les da la sensación de que al menos controlan alguna cosa de un contexto más amplio que se les escapa.

Fijémonos en que estas enfermedades progresan en una sociedad en la que dominan las preocupaciones por el cuerpo y la imagen, donde las revistas de moda muestran siluetas ficticias (ya que la mayoría de las fotografías de modelos se retocan). Además, en la actualidad el culto a la delgadez es compartido por todas las edades. ¡Muchos niños tienen padres que están obsesionados con mantener la línea!

Consejos

• **Imágenes chocantes, ¿qué decirles?** No dude en darles su opinión sobre el tema, en explicarles que para usted la sexualidad no es eso. Este punto de vista parental, aunque les pueda parecer una intromisión, es indispensable para contrarrestar la información que reciben, muy normativa y banalizada. Si los ve muy bloqueados e incapaces de abordar con usted el tema de la sexualidad, anímeles a explicar sus inquietudes a un adulto de su elección.

• **Deles seguridad:** si el niño habla de descubrimientos que le han traumatizado, ¡mucho mejor! Es el momento de darle seguridad y hacerle comprender que no es en absoluto culpable. Y sobre todo recuérdele que enamorarse de alguien y amarse físicamente no es eso: es mucho más bonito.

• **Enséñeles los límites de la curiosidad:** en temas de sexualidad, los excesos no tienen por qué significar más placer. Así, los libros eróticos, que sugieren sin imponer, son más ricos porque dejan la libertad de elaborar imágenes personales. Elogie las virtudes de su propia imaginación. Que le tenga confianza. Los adolescentes, que temen tanto la influencia de los adultos, deberían ser sensibles a estos argumentos.

• **Hablemos de sexualidad con nuestros hijos y dejemos de pensar que lo saben todo:** el momento ideal sería el previo a la adolescencia, hacia los 10-11 años, antes de que ellos mismos entren en contacto con las emociones de los encuentros amorosos, porque en ese momento cualquier conversación sobre el tema les da la impresión de ser una intromisión parental.

• **Descubra los programas de control:** pocos padres (17 %) han instalado alguno. Infórmese sobre las asociaciones. Algunas han hecho estudios serios sobre las propuestas de diferentes proveedores de acceso.

• **Ponga el ordenador en una sala común:** nunca lo ponga en la habitación de un niño que tenga menos de 15-16 años.

• **Luche contra las webs sobre anorexia:** si se da cuenta de que su hijo o hija (hoy en día esta enfermedad afecta por igual a ambos sexos) tiene comportamientos alimentarios obsesivos, que selecciona los alimentos, que quiere comer aparte, consulte enseguida al médico, antes de que caiga en una espiral patológica. La anorexia es una enfermedad grave.

• **Avise:** la policía trabaja en el tema de las webs peligrosas. Puede alertar sobre diferentes tipos de desviación en Internet (véase «Direcciones útiles»).

• **Desarrolle el sentido crítico de sus hijos:** el filtro más seguro, que les será útil a sus hijos en cualquier circunstancia, es tener un sólido sentido crítico. Enséñeles a desarrollarlo. Que una información o un consejo circulen por la web no significa que estos sean recomendables. Demuestre a sus hijos que pueden ser manipulados tanto en Internet como fuera, que no porque estén en casa, sentados tranquilamente en su habitación, están protegidos de las malas intenciones de otros. De paso, enséñeles a que se atrevan a demostrar su disconformidad, a dar su opinión a los demás, incluso a amigos que sean más frágiles que ellos y caigan en las trampas.

Lo esencial

La atracción de los niños más mayores por las webs pornográficas corresponde a la necesidad de explorar un mundo que los fascina y les da miedo a la vez.

Cuidado, pueden encontrarse con mucho más de lo que esperaban. Algunas imágenes, muy chocantes, les pueden dar una falsa idea del amor y de la sexualidad. Motíveles a conservar su propia imaginación y a no dejarse imponer imágenes por los demás.

Internet recoge webs desviadas de todo tipo. Instale un programa de filtrado.

La manera más segura de proteger a sus hijos sigue siendo una educación cercana y personalizada. Más que nunca, tienen necesidad de discernimiento, de vigilancia personal, de independencia y también de personalidad, para poderse desmarcar en caso necesario de algún tema con el que no estén de acuerdo.

Capítulo 7

¡Alto al pirateo!

Para un niño, nada de lo que consume cada día tiene precio, porque todo le llega de la manera más natural del mundo. La práctica creciente de la gratuidad no soluciona nada. El piratear películas o música le parece normal, aunque sepa que es una infracción. Hoy en día, la legislación ataca más de cerca el problema: ya no hay tanta tolerancia y van a empezar a caer las multas. Un buen momento para hacer que los adolescentes se percaten de que existen las ecuaciones económicas, ya que pronto serán las suyas.

La descarga de música, de películas y de series es una de las actividades principales de los jóvenes en Internet. Ya conocemos su pasión natural por la música. Con Internet, el abanico de posibilidades se ha ampliado considerablemente… Y su apetito también. Como no pueden incrementar el dinero con el que cuentan, la solución es sencilla: se descargan cosas gratuitamente.

Esta práctica era hasta hace un tiempo más o menos tolerada, porque aún no se habían instalado con regularidad sistemas eficaces de control y de vigilancia. Pero en la actualidad la vaguedad artística se disipa: las sanciones empiezan a aplicarse. Los servicios policiales ahora se preocupan por controlar a los defraudadores.

El deseo de tenerlo todo

Al mismo tiempo que Internet multiplica las posibilidades de comunicación de los jóvenes y aumenta su acceso tanto al saber como a la información, también desarrolla en ellos el sentido de la propiedad.

Vivimos en una sociedad de consumo en la que se ha vuelto imprescindible poseer (los móviles más modernos, la mejor cámara digital, la ropa de marca que está más de moda…), en resumen, «tener llenos nuestros armarios», como canta Alain Souchon. En un contexto así es bastante natural que nuestros hijos desarrollen un materialismo exacerbado y estén abocados a un consumo sin límites. Los fabricantes se han dado cuenta de esto y los tienen como diana privilegiada, machacándolos con publicidad que los incita a consumir todavía más.

Nuestros hijos son aún menos capaces de resistir a estos cantos de sirena porque, desde su más tierna infancia, hemos tenido la mala costumbre de decirles que sí a todo, pensando que, rechazándoles cualquier cosa, iban a querernos menos.

Todo y enseguida

No podemos ignorarlo, vivimos en la era de la instantaneidad. Este principio rige actualmente todos los ámbitos: la transmisión de imágenes, las fluctuaciones económicas, la información, la comunicación… Nuestro consumo tampoco escapa a esta tendencia, hasta tal punto que la espera llega a ser desesperante e insoportable. Meritxell, de 16 años, incondicional de las series americanas, las descarga ilegalmente, «para verlas ya, antes de que las cadenas de televisión españolas las emitan». De nuevo aquí esta impaciencia encuentra un reflejo en los modos de educación dominantes. La frustración a menudo es vivida por los padres como una traba a la felicidad. De esta manera enseñan poco a sus hijos a saber esperar y a tener paciencia, algo indispensable para diferir el deseo.

Muchos jóvenes ignoran hoy en día lo que es ahorrar para poder comprar el objeto de sus deseos. Les parece normal tenerlo todo y ya: una canción que acaban de descubrir, una serie de la que han oído hablar, una película que sus compañeros ya han visto. ¡Y puede ser todavía mejor si la pueden conseguir antes que los demás! Evidentemente, alguien podría prestársela, pero prefieren tenerla. Como, por supuesto, tienen límites financieros, se las ingenian para superarlos. Y así se convierten en internautas «piratas», o sea, ladrones desde sus habitaciones.

Una soltura que asombra a los padres

El adolescente está orgulloso de timar. Esto satisface su deseo de trasgresión. Es muy natural. Pero lo que lo es menos es que los adultos lo consientan. Lejos de sorprenderlos, estas prácticas a menudo les parecen bien: tienen la virtud de ser muy económicas. Por otra parte, a veces están anonadados por cómo se desenvuelven sus retoños, aunque sea trasgrediendo la ley.

• **Pueden comprar varias revistas de televisión** de la misma semana y compararlas. El niño descubrirá que la presentación varía claramente de una revista a otra. A través de la compaginación, la presencia de críticas, el tono... cada una intenta resaltar cierto tipo de programas más que otros. Una revista dedicará un artículo a una película, mientras que otra no le dedicará ni una sola línea. El niño entenderá que se pueden tener diferentes puntos de vista sobre la televisión y que él también puede forjarse el suyo.

La gratuidad para ellos es normal

La práctica de la gratuidad se generaliza en toda la sociedad: desde los periódicos gratuitos hasta las informaciones divulgadas por Internet. Para la mayoría de los niños, que muchas veces ni siquiera han oído hablar nunca de censos audiovisuales para las cadenas públicas, la televisión y la radio también son gratuitas. La información parece ser un deber. En inglés, gratuito se dice *free*, que significa también «libre», con esto lo decimos todo. Así, la gratuidad llega a ser algo impulsivo y natural. Un poco infantil también. Las dificultades del mundo real son vistas cada vez como más incongruentes. Y perdemos a pasos agigantados el sentido del valor de las cosas.

Consejos

• **No tolere el pirateo:** acostumbrados a ese estado de semilaxitud en el que se descubrían a pocos piratas informáticos, sus hijos le replicarán que los riesgos son mínimos. No lleve la discusión a este nivel. Es el momento de que hagan una reflexión más cívica y responsable: que no los vayan a pillar no quiere decir que esté bien lo que hacen.

Los sitios de descarga en los que se paga se están expandiendo y cada vez estarán mejor surtidos. Ya es posible adquirir música y películas pagando mucho menos (alrededor de la mitad de precio) que en una tienda. Anime a sus hijos a que adopten esta solución media, que es legal.

• **Demos ejemplo:** recordar la ley a nuestros hijos implica que nos preguntemos sobre nuestras propias prácticas: ¿estaríamos dispuestos a todo para no pagar impuestos?, ¿para pagar prestaciones en negro?, ¿para no pagar nuestras multas? Por supuesto, nadie es perfecto. ¿Pero podríamos pensar en un modo de vida basado en el hurto? No podemos inculcar reglas sin predicar con el ejemplo. En cuestión de educación, nunca se insiste lo suficiente sobre la importancia que tiene el modelo. No basta con dar el sermón.

• **Frene el consumo intempestivo:** para calmar la «bulimia» del querer tenerlo todo, se puede llevar a cabo con los niños un trabajo de reflexión, y ello desde la más tierna infancia.

Cuando vayamos al supermercado con un niño de 10 años, le podemos decir: «Hoy puedes venir si me quieres ayudar, pero solo compraré lo que necesitemos para comer, ¡y no nos pararemos en la zona de los DVD ni en la de los videojuegos!». A un adolescente que pide continuamente ropa de marca le podemos responder: «Entiendo que te apetezca tenerlo, pero con todo ese dinero, mejor nos vamos una semana de vacaciones».

Lo esencial

Los niños no son conscientes del coste de las cosas. Especialmente porque la gratuidad se está convirtiendo en norma en muchos ámbitos. Así pues, les parece normal apropiarse de todo aquello que les gusta.

Cuidado, descargar música, películas o series de Internet es ilegal si se hace con fines lucrativos.

Nuestros hijos son insaciables e impacientes. Enseñémosles que la paciencia es el arte de saber aplazar su placer.

No estemos orgullosos de su soltura trapicheando. Enseñémosles a reflexionar sobre las consecuencias de sus actos y a ser coherentes con los principios a los que apelan.

Capítulo 8

Nuevas herramientas, nuevas prácticas

**Nuestros hijos a veces tienen comportamientos
que nos sorprenden: hacen quince cosas a la vez
o acortan el lenguaje de manera bárbara. Muchas
de estas prácticas les son dictadas por las nuevas
tecnologías. Comprender esto nos ayudará a descifrar
mejor esos tics que nos preocupan.**

A nuevas herramientas, nuevos hábitos. Así se va
transformando la humanidad desde el principio de
los tiempos. El teléfono cambió las relaciones entre
los seres humanos, el tren cambió la relación con el
espacio… Hoy en día, gracias a Internet, la comunicación en tiempo real ha modificado el mundo
totalmente: desde la economía hasta la cultura,
pasando por la política, la información y la manera

de divertirse. Nuestras mentalidades y maneras de ser evolucionan paralelamente a estos cambios. Nuestros hijos, que no han vivido estas mutaciones, sino que han nacido inmersos en estas nuevas tecnologías, se han adaptado a ellas de manera natural. Así, ciertas de sus prácticas nos desconciertan, a veces incluso nos escandalizan.

Hacerlo todo a la vez

Nunca hemos acabado de entender cómo algunos niños pueden hacer sus deberes mirando la tele. Con Internet, han dado un paso más en esta acrobacia porque el ordenador todavía no ha sustituido a la pequeña pantalla: en ciertos casos, ¡se le añade! No es de extrañar, en efecto, que los niños estén teniendo una conversación en el MSN mientras hacen un trabajo escolar, ¡y todo esto con la tele de fondo o escuchando música que se han descargado! Si a usted le sorprende, se explican diciendo que solo están volviendo a copiar algo, y que por lo tanto no necesitan concentrarse.

Las nuevas generaciones parecen haberse acostumbrado a las tentaciones múltiples que hoy en día nos acechan continuamente, en la calle, en las tiendas, pero también en nuestros hogares. No podemos recorrer un trayecto en una ciudad sin sufrir una multitud de incitaciones visuales o sonoras por medio de publicidad, mensajes o música de fondo. Se nos proponen tantas cosas diferentes que no sabemos muy bien a qué atender. Al tomar consciencia de que jamás tendremos tiempo suficiente para disfrutarlo todo, acabamos teniendo un sentimiento difuso de frustración. Nuestros hijos se han adaptado de la mejor forma a este problema de la abundancia que hemos evocado antes (véase el capítulo 5): ¡lo consumen todo a la vez! No siempre para mejor: los profesores recalcan que tienen muchas dificultades para profundizar en sus ideas.

Nuevo lenguaje, nueva ortografía

El envío de correos electrónicos ha hecho que la escritura entre los jóvenes aumente. En los chats tienen que dialogar, presentarse, ser ingeniosos en cuestión de lenguaje. Este se ha convertido en un modo de creación. Por supuesto, esto afecta a la gramática y la sintaxis. Son capaces de concentrar toda una frase en algunos signos, letras o cifras leídos fonéticamente: «kdms + trd? Salu2» = «¿Quedamos más tarde? Saludos». No es que sea nada nuevo. Los adolescentes de hoy en día no han hecho otra cosa que crear jergas: cada grupo restringido suele fabricarse la suya. Estos códigos contienen signos que permiten reconocer lo que se dice. Y permiten la transgresión simbólica del orden establecido. Así, los adolescentes pueden desmarcarse de los adultos, incluso de aquellos a los que les cuesta despegarse de la juventud, pero van un metro por detrás.

Estas distorsiones del vocabulario y la ortografía son fenómenos recurrentes: no hay por qué asustarse, siempre y cuando los niños sean conscientes de los límites de este lenguaje y se expresen con normalidad con los adultos.

Un campo en el que los jóvenes son expertos

Nuestros hijos se hacen los remolones cuando les mandamos a comprar una barra de pan o que bajen la basura, pero se vuelven súbitamente serviciales cuando les pedimos que busquen un horario de tren o que comprueben una fecha. De esta manera pueden abalanzarse sobre su ordenador con toda legitimidad. Hay que rendirse a la evidencia: se han convertido en los internautas más expertos de la casa, e incluso llegan a ser técnicos sin parangón, capaces de arreglar los problemas de conexión más inexplicables y de hacer funcionar una impresora rebelde. Quién no ha oído alguna vez una respuesta como: «No te enteras de nada, ¿aún no has entendido cómo se hace para enviar un mail?». A Marcos, de 15 años, a quien su padre llama porque su impresora no responde, se le oye susurrar desde su barba incipiente: «Con cincuenta años y ni siquiera eres capaz de clicar sobre un botón». A pesar de estos comentarios, va muy bien tener a estos manitas prodigio en casa.

Por su parte, los niños también están muy orgullosos de ser los reyes en este campo, en lugar de que lo sean los padres. De pronto, les dejamos que se ocupen de estos temas informáticos que a nosotros nos gustan poco. A cambio, ellos se otorgan más fácilmente el derecho de acceder al ordenador. Sienten que saben más que sus padres, y a veces intentan hacer todo lo posible para que esto se mantenga. Carlos, de 15 años, responde lo siguiente a su padre cuando le pide que le enseñe a manejar Internet: «No lo conseguirás, ¡eres demasiado viejo!».

Este cambio de papeles en un campo muy limitado puede ser positivo para un adolescente: le permite afirmarse en su diferencia y su autonomía. Esto es positivo en una edad en la que uno duda mucho de sí mismo.

Pero a los 10-11 años esta confusión de puestos tiene efectos más bien negativos porque a esa edad se necesitan unos padres sólidos y más fuertes que uno mismo. Esto puede provocar una cierta inseguridad, pero sobre todo puede hacerles parecer que son todopoderosos y los reyes de la casa.

Filmar sus delitos

En los últimos tiempos se han conocido casos de agresiones grabadas por los agresores incluso por medio de sus teléfonos móviles. Y se han dado mucha prisa en colgar estas imágenes en Internet, orgullosos de poder exhibir su precioso «botín». Los casos se multiplican: el caso de Abou Graib (torturas y humillaciones perpetradas y fotografiadas por militares americanos en una prisión iraquí) ha sido revelador de ello; en España, conocemos el caso de un profesor de instituto agredido por el compañero de una alumna mientras esta los grababa con su móvil.

Si, ya desde siempre, a los cabecillas les ha gustado mostrarse como los más fuertes y orgullosos de sus «hazañas», el poder colgar en la red estas imágenes violentas no hace sino acrecentar peligrosamente el fenómeno. Tener la oportunidad de destacar sus actos debilita el sentimiento de culpabilidad, que es un freno indispensable a la barbarie.

Consejos

• **Hacen todo a la vez:** luche contra la superficialidad. Intente hacer un pequeño juego: pregunte a su hijo con qué se ha quedado de todos estos consumos simultáneos (televisión, música, mensajes) y qué ha conseguido retener de los deberes que preparaba a la vez. Se trata de demostrar que esta práctica le da un acercamiento superficial a todo. Ayúdele a concentrarse en un único tema y a llevar su reflexión lo más lejos posible.

• **Lenguaje codificado sí, pero con un uso limitado:** enseñémosles los límites de un lenguaje como ese.

Deja un rato el ordenador

Hágales ver claramente que es para uso «interno». Porque, si no, se separarán de una parte de la sociedad. Comunicarse con personas de otras generaciones es importante para su futuro, y no se puede hacer de esa manera.

• **No nos dejemos engañar por sus competencias en informática:** recordémosles que tenemos muchas competencias que ellos no tienen, sobre todo aquellas experiencias vividas que a ellos aún les faltan y que son tanto o más útiles que una gran tecnicidad informática. Que sean hábiles con esta herramienta no justifica que no les pongamos límites.

• **Reaccionemos contra la violencia:** no tengamos miedo a parecer pasados de moda y expresemos nuestra indignación contra los actos de violencia. No olvidemos las normas elementales de educación.

• **Alerta con los móviles sofisticados:** cada vez es más habitual que los niños tengan la posibilidad de consultar Internet desde sus teléfonos móviles; estos se van actualizando cada día. De esta manera, escaparán a cualquier control por parte de los padres y se encontrarán más expuestos a los peligros.

Proporcionar móviles ultrasofisticados a niños es como ponerles a su disposición un Ferrari sin tener el carné de conducir. En el momento en que elija el abono, infórmese de si incluye acceso a Internet y si es posible suprimirlo. Si no, corre el riesgo de recibir facturas verdaderamente «dolorosas».

Lo esencial

Televisión, música, MSN y deberes: los niños suelen hacer varias cosas a la vez. Una acrobacia que no favorece su capacidad de concentración y que los acostumbra a conformarse con un acercamiento superficial a todo.

Lenguaje deformado, ortografía engañosa. Se trata de un código generacional normal, siempre que su uso se limite a los amigos.

La informática les proporciona un campo en el que son expertos y una superioridad en el ámbito familiar. Este cambio de papeles tiene que ser de uso limitado, solamente para los adolescentes más mayores.

Deja un rato el ordenador

Hay adolescentes que han cometido agresiones y las han filmado con sus móviles, y luego las han puesto en la red. Cuidado con banalizar la violencia y con el descenso del sentimiento de culpabilidad.

Conclusión

«Apaga el ordenador», «Te vas a quedar lelo», «Es que no haces otra cosa»... Muchas de las críticas que hacemos a lo largo del día a nuestros internautas maniacos parecen cantinelas. De hecho, han servido siempre como argumentos contra la atracción irresistible de la televisión, otro instrumento adictivo. Tanto para el uno como para la otra, los reproches se miden ya en tiempo pasado. Y cada año aumenta la cosa: los niños pasan pegados a la televisión una media de tres horas y media por día, ¡con respecto a las tres horas de hace unos años! Y sin duda pronto dispondremos de datos igual de precisos por lo que respecta a la presencia delante del ordenador.

Aunque estas dos pantallas actúan a veces como una droga y pueden originar fenómenos más o menos graves de adicción, sus puntos comunes acaban aquí, porque tanto sus contenidos como su uso difieren radicalmente. La televisión se consume a menudo en familia, o en grupo. Incluso aunque hoy en día la práctica de la misma tenga tendencia a individualizarse, con los programas a la carta y la multiplicación de empleos en un mismo hogar, permite compartir la información, los conocimientos o las aficiones. La prueba: normalmente se encuentra en el centro del salón e implica la presencia de un sofá. Por lo que respecta a Internet, decididamente individual, se consulta sentado en una silla, solo ante una mesa.

Sin duda es uno de los mayores reproches que se le pueden hacer a la web: interrumpe las relaciones familiares y sobre todo intergeneracionales. No solamente por la evidencia de que no podemos poner muchas sillas delante del ordenador, sino porque Internet es, por naturaleza, una herramienta generacional e incluso tribal.

La hipercomunicación que permite difunde en exceso las normas del momento. Los mensajes electrónicos actúan como una caja de resonancia y contribuyen a amplificar los modos y las opiniones de una cierta edad. Estas se convierten en omnipresentes, hasta tal punto que resulta difícil desprenderse de ellas. Y ya se sabe que los adolescentes siempre han estado ávidos de conformarse con dichas opiniones. Incluso a los más independientes y solitarios les es imposible ignorar los pensamientos de su generación. Cualquier otra forma de discurso resulta nula y sin valor. Incluso podemos llegar a temer que el pensamiento de masa llegue a sustituir a cualquier reflexión individual.

Este fenómeno podría acentuarse en función del tiempo dedicado al ordenador. Algunos niños pasan tantas horas con sus blogs, chats y MSN, que materialmente no les queda ni un minuto para mantener otro tipo de relaciones. Los momentos para compartir con los padres, los abuelos o los hermanos van desapareciendo. Y, además, el problema es que no los echan en falta, porque están convencidos de que Internet les puede ofrecer respuestas a todas sus preguntas.

El poder de la documentación disponible en la web les hace confirmar esta idea de que pueden encontrarlo todo solos y que no necesitan a los adultos. Frente a esta fuente de saber tentacular consultable en todo momento, las capacidades de sus padres les parecen muy limitadas. Este fantasma eterno de los adolescentes, de hacerse pasar por adultos, se ve de esta manera reforzado.

Sabiendo esto, nosotros, padres, nos sentimos incapaces. Nos da la impresión de que nuestros conocimientos no pueden hacer de contrapeso. Sobre todo porque, por lo que respecta a las nuevas tecnologías, nuestros retoños son infinitamente más hábiles que nosotros. Desvalorizados en muchos aspectos, nos da tanto miedo parecer fisgones o viejos pasados de moda, que nos callamos nuestras opiniones. Y más porque el paso del tiempo nos incita a querer volver a la juventud y a intentar colarnos en esa mentalidad adolescente. Y luego, en nombre de los principios del individualismo exacerbado y del completo desarrollo personal, reconocemos que nos da miedo imponer reglas a nuestros retoños, por si acaso vejamos su libertad y autonomía. De manera muy perjudicial y tóxica para nuestros hijos, ¡actuamos como si al fin y al cabo no tuvieran que aprender nada de nosotros! Esta manera de actuar no ayuda a que nuestros hijos maduren. Incluso nos hace olvidar nuestra función principal como padres: la de guía. Y, por tanto, a escala social, esto genera un verdadero déficit de transmisión.

No se quede con los brazos cruzados

La espectacular cantidad de información exterior no le dispensa de prodigar su saber y sus principios. Estos no tienen que ser subestimados, porque son muy importantes… aunque parezcan incompletos a ojos de sus hijos.

Modelado por anécdotas, opiniones personales, recuerdos adquiridos generación tras generación, su bagaje se ha ido enriqueciendo con todas estas capas: ha adquirido consistencia y, a lo largo de los años, forma los cimientos de una familia. Todo esto da como resultado una «cultura de hogar» con un matiz muy especial. Explicada por un abuelo, la Segunda Guerra Mundial adquirirá un poco de humanidad, indispensable para comprender los acontecimientos.

Los padres tienen que tener confianza en ellos mismos: su experiencia sirve para algo. Y, además, expresar sus convicciones no significa que las tengan que imponer, ni que vayan a caer en un autoritarismo anticuado.

A los niños menores de 13 años es fácil hacerles llegar estos mensajes. Además, a los pequeños les gusta realizar actividades junto a sus padres. Preparar una exposición, alargar una clase con una visita a un museo o ir a ver una película amenizan mucho el trabajo escolar. No dejemos que estas relaciones vayan desapareciendo con la excusa de que los niños no las reclaman explícitamente, y que parece que saben desenvolverse de otras maneras. Acompañarlos da lugar a intercambios de opinión y ayuda a conservar la relación individual y personalizada con cada uno de sus hijos. Ellos aprecian este gesto, porque no les gusta que se les trate en masa con sus hermanos y hermanas.

A los adolescentes es más difícil ofrecerles este apoyo, es verdad. Pero que no nos dé reparo dar nuestras opiniones. Estos futuros adultos necesitan tener como referencia a gente que elabore reflexiones personales, que tenga convicciones y que las exprese. No renunciemos a ello con la excusa de que se pueden crear tensiones. No hay que tener miedo a los conflictos. Estos son útiles para elaborar sus personalidades. Contrariamente a lo que se suele pensar, una adolescencia sin luchas ni contratiempos es más difícil de llevar.

Las virtudes de la discusión

Los niños se quejan a menudo de que sus padres solo saben hablarles de notas. Hagámosles caso. Hablemos sobre un tema, intercambiemos opiniones. Es el momento para los contactos personales, ricos y gratuitos (no escolares). La conversación individual desarrolla el espíritu crítico, permite llevar más allá una reflexión, conceptualizarla, y aprender a elaborar una argumentación. Poco a poco, los adolescentes adquirirán confianza en sus propias opiniones. El que todos tengan tendencia a repetir las mismas cosas y a refugiarse en la opinión dominante de su generación se explica muchas veces por una falta de confianza en ellos mismos.

Enseñémosles que sobre un tema en concreto, un libro, una película o un suceso de la vida política existen opiniones divergentes. De paso, conocerán mejor a sus padres. Los niños suelen conformarse con una imagen bastante simple de su padre y de su madre, relacionándolos con sus profesiones respectivas, pensando que ese es el único centro de interés, y olvidando que ellos también tienen jardines secretos, que a su padre le gusta el rock y la poesía y que a su madre le encanta la historia.

Para que Internet no acentúe el foso entre generaciones, tenemos que enriquecer estos contactos familiares. Sea cual sea la amplitud de posibilidades ofrecidas por la web, la transmisión parental siempre será indispensable. No hagamos que estas dos formas de conocimiento se den la espalda. No adoptemos una actitud de rechazo, sino de apertura. No juguemos a competir, sino a complementar. Para recibir inteligentemente esta multitud de informaciones que deambula continuamente por nuestra casa, enseñemos a nuestros hijos a discernir. Que esto sea motivo de más intercambios todavía. No arreglaremos el problema simplemente limitando el tiempo que pasen delante del ordenador: tenemos que aprender, nosotros también, a sacar el mejor partido de Internet.

Bibliografía

De Bofarull de Torrents, Ignacio y Paulino Castells Cuixart, *Enganchados a las pantallas: televisión, videojuegos, Internet y móviles,* Planeta, 2002.

Delteil, G., *Piège sur Internet,* Hachette Littérature, 1997.

Dumesnil, A. y C. Besse, *Internet, mes parents et moi,* Louis Audibert, 2002.

García Fernández, Fernando y Xavier Brinqué Sala, *Una familia en el ciberespacio,* Palabra, 2002.

García Mongay, Fernando, *Internet para niños,* Espasa-Calpe, 1998.

González Ramírez, José Francisco, *Controla la televisión, los videojuegos, Internet, el teléfono,* Dastin Export, 2003.

Gralla, P. y S. Kinkoph, *Internet et les enfants, les précautions à prendre,* Campuspress, 2000.

San Millán, Amelia, *Cómo proteger a sus hijos en el ciberespacio,* Espasa-Calpe, 2000.

Direcciones útiles

Para la protección y la seguridad de la infancia

ANAR fundación: www.anar.org
Ofrece ayuda a niños y adolescentes en riesgo.
Protégeles: www.protegeles.com
Ofrece la posibilidad de denunciar y ayudar
a eliminar cualquier tipo de web que
contenga pornografía, incitación al odio
racial, etc.
Save the Children: www.savethechildren.es
Es una ONG que trabaja por la defensa y
promoción de los derechos de la infancia.
**BIT (Brigada de Investigación
Tecnológica de la Policía) y Grupo
de Delitos Telemáticos
de la Guardia Civil:** www.policia.es
http://www.archivospc.com
Página web desde la que se puede acceder
a programas para el filtrado de contenidos
de ciertas webs.

Para los niños

CNICE (Centro Nacional de Información y Comunicación Educativa): www.cnice.mecd.es
Página web del Ministerio de Educación
que ofrece a los niños un apoyo
escolar gratuito mediante actividades
educativas de manera interactiva.

Agradecimientos

Agradecemos especialmente la colaboración de Ariane, Alexis, Thomas, Alexandre y Léopold, así como la de Christine du Fretay, presidenta de E-enfance, por su gran ayuda.

Índice

Deja un rato el ordenador

En la misma colección

BÉATRICE COPPER - ROYER Y GUILLEMETTE DE LA BORIE
¡No, todavía no eres adolescente! - A los 8-12 años todavía son niños

DR. STÉPHANE CLERGET Y CARINE MAYO
Cuando el pipí se resiste - Cómo ayudar al niño a controlarse

GILLES-MARIE VALET Y ANNE LANCHÓN
No me gusta la escuela - Entenderlo, ayudarlo

NICOLE PRIEUR E ISABELLE GRAVILLON
¡Dejad de pelearos! - ¿Debemos intervenir en los conflictos de los niños?

DRA. DOMINIQUE - ADÈLE CASSUTO Y SOPHIE GUILLOU
Mi hija se ve gordita - ¿Cómo ayudarla?

JOCELYNE DAHAN Y ANNE LAMY
Un solo padre en casa - Triunfar en el día a día

Deja un rato el ordenador

STÉPHANE BOURCET - ISABELLE GRAVILLON
Mi hijo ha sido agredido - En la escuela, en la calle, en casa

DR. PATRICE HUERRE Y LAURENCE DELPIERRE
¡No me hables en ese tono! - ¿Cómo reaccionar?

DR. PATRICK BLACHÈRE Y SOPHIE ROUCHON
Pequeñas infidelidades en la pareja - ¿Tolerancia o ruptura?

CHRISTINE BRUNET Y NADIA BENLAKHEL
¿Hasta cuándo durará esa rabieta? - Cómo calmarlos sin ponerse nervioso

GÉRARD CHAUVEAU Y CARINE MAYO
Le cuesta aprender a leer - ¿Cómo ayudarlo?

DRA. MARIE-CLAUDE VALLEJO Y MIREILLE FRONTY
¡Para empezar, tú no eres mi madre! - ¿Qué lugar debe ocupar una madrastra?

DR. CALUDE ALLARD Y CÉLINE DOLLÉ
¿Qué hay en la tele? - Cómo ayudar a nuestros hijos a elegir

GINETTE LESPINE Y SOPHIE GUILLOU

Superar el desempleo en familia - ¿Cómo seguir adelante?

CLAUDINE BADEY-RODRÍGUEZ Y RIETJE VONK

Cuando el carácter se vuelve difícil - Cómo ayudar a nuestros padres sin morir en el intento